# 卫国英雄
# 冯子材

青少版

廖宗麟◎著

民族已在危难之间，
大好河山
岂容他人掠夺！

辽宁人民出版社

图书在版编目（CIP）数据

卫国英雄冯子材：青少版 / 廖宗麟著 . —沈阳：
辽宁人民出版社，2017.1
ISBN 978-7-205-08769-2

Ⅰ.①卫… Ⅱ. ①廖… Ⅲ. ①冯子材（1818-1903）
—传记—青少年读物 Ⅳ.①K825.2-49

中国版本图书馆CIP数据核字（2016）第271534号

出版发行：辽宁人民出版社
　　　　　　地址：沈阳市和平区十一纬路 25 号　邮编：110003
　　　　　　电话：024-23284321（邮　购）　024-23284324（发行部）
　　　　　　传真：024-23284191（发行部）　024-23284304（办公室）
　　　　　　http://www.lnpph.com.cn
印　　　刷：辽宁奥美雅印刷有限公司
幅面尺寸：155mm×227mm
印　　张：12
字　　数：100千字
出版时间：2017 年 1 月第 1 版
印刷时间：2017 年 1 月第 1 次印刷
责任编辑：韩　喆
装帧设计：琥珀视觉
责任校对：金丹荣
书　　号：ISBN 978-7-205-08769-2

定　　价：27.00元

冯子材戎装照

军队整备

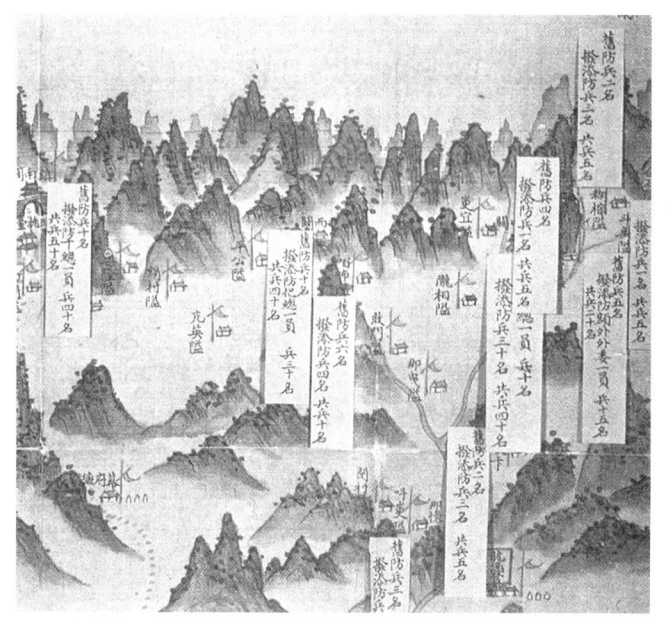

镇南关清军布防

画作《冯子材杀敌》

# 序　言

　　每次看中国地图，我都深为祖国的地大物博、山河壮美和历史悠久自豪。中华民族是在波澜壮阔的历史进程中形成的，这个过程充满了血与火的战斗、生与死的考验。明清两朝，由于国势衰微，国家陷入灾难深重、任人宰割的境地，多次受到侵略者的肆意欺凌、掠夺和瓜分。国家饱经外患而仍生生不息，是人民群众团结战斗、奋力反抗的结果，在这救亡图存的过程中涌现出一批又一批优秀的卫国英雄。这些英雄人物面对"山河破碎风飘絮"，不畏强敌，挺身而出，带领人民群众拿起武器，保家卫国，这才使得国家一次次转危为安、化险为夷。敢于冒着敌人的炮火前进，奋勇杀敌，舍生取义，挽狂澜于既倒，扶大厦之将倾，这是真英雄的写照。面对侵略敢于战斗，面对强敌敢于亮剑，方显英雄本色。卫国英雄是中华民族的脊梁，是中国人民的骄傲。他们用实际行动证明：中华民族不可侮，中国人民不可欺。

　　我们都有一个梦，名字叫"中国梦"。目前，全国人民正并

肩携手走在实现民族复兴中国梦的康庄大道上。少年强则国家强，我辈少年当自强。中国梦的实现需要青少年学习英雄精神，接力团结奋斗。卫国英雄的浩然正气与天地共存，与日月同辉。卫国英雄的光辉事迹彪炳千秋，催人奋进。卫国英雄英勇善战、所向披靡的英雄气概，为青少年所敬仰。当代青少年有幸生活在我国几十年没有战争的和平环境中，但是，千万不要因此觉得天下太平。环视周边安全，需要高度警惕，不能掉以轻心。我国国土尚未完全统一，台湾一直孤悬海外，没有回归祖国。目前，台湾政权轮替后，岛内分裂势力更加猖獗，两岸和平发展面临新的挑战和变数。同时，从东海到南海，从钓鱼岛到永暑礁，我国主权受到域内外的多方挑衅和侵犯。天下虽安，忘战必危，何况今日之周边战云密布。在国家安全环境复杂的新形势下，用历史告诉现实，引导青少年弘扬前辈英雄戍边卫疆、保家卫国的爱国主义精神，既具有深远的历史意义，又具有重要的现实意义。

青少年向卫国英雄学习什么？我认为，核心即是学习他们炽热强烈的爱国主义精神。和平与发展仍然是当今时代的主题，我们要时刻关注国与国之间每日存在的科技、经济、文化和综合国力的竞争。我们还面临许多不公平的国际规则，常常受到发达国家的不公正对待。爱国不是抽象的，而是具体的，青少年要根据自身特点，找到合适的爱国路径。

我高兴地看到，辽宁人民出版社的卫国英雄丛书以人物传记的方式，介绍明朝抗倭名将戚继光、抗倭名将俞大猷、明平息倭患的胡宗宪、明清之际收复台湾的郑成功、清朝道光时期严禁鸦片的林则徐、收复新疆的左宗棠、抗法名将冯子材、抗法抗日的刘永福、甲午海战名将丁汝昌和邓世昌等十位卫国英雄抵御外侮、保家卫国的故事。十位卫国英雄尽管所处时代不同、成长经历不同、战斗故事不同，但都敢于同外敌进行不屈不挠、艰苦卓绝的斗争，用奋勇杀敌的实际行动，维护国家的领土完整、保障人民的安居乐业。这套丛书主题鲜明，思想深刻，情节生动，文字优美，通俗易懂，适合青少年学习和阅读，可以说是青少年学习和弘扬爱国主义精神的生动教材。我相信，青少年读者阅读这套丛书，一定会为卫国英雄的爱国故事所感动，为卫国英雄的凛然正气所感染，从卫国英雄的故事中汲取勇气、智慧和力量，不断增强爱国之情，砥砺强国之志，在实现中国梦的伟大实践中放飞人生梦想，绽放绚丽青春。

中国青少年研究中心副主任　张良驯

2016 年 5 月 17 日

CONTENTS

# 目录

第一章

一场风水测评引发的往事

光绪十年（1884）的春节过后不久，钦州城北六里许的白水塘村东侧，突然响起一阵震耳欲聋的鞭炮声，透过蒸腾而起的团团硝烟，一座精工制作，造型气派大方的府邸落成了。这座府邸建在三座小山的当中一座上，四周环以高墙，墙内地面积三十余亩，留有宽阔的空地作习武场，并建有请将坡、祭旗坛、上马石、拴马树、阅兵台等。府邸面积三亩，分为三进，每进分为三大间，每大间又分为三层，合共为九大间二十七个房。建造的用料讲究，室内梁、柱、门窗、匾联多用坚硬油亮的铁格木制成，上面精刻浮雕，彩釉壁画。这是曾官广西提督的冯子材的新宅。冯子材，字萃亭，钦州本地人氏，中年投军，积功授官广西提督，因不满官场倾轧，于去年夏天托病辞官归里。见家中人口日繁，故居湫隘，遂在白水塘村东侧购得百余亩空地，建起这座新宅。

三月的一个晴朗早晨，衣冠整齐、喜气洋洋的冯子材，在一班前来贺喜的亲戚朋友的簇拥下，站立在新居的大门外，虔诚地翘首远眺，恭候着一位远道而来的贵宾。

一条宽丈余的新开土路，从新居的大门外蜿蜒伸展到白水塘

村外，消失在茂树修竹之中。冯子材紧盯着路口，因为那是贵宾的来路。

"来了，来了！"随着一阵惊喜的叫声，众人兴奋地指点着顺着新路急驶而来的一辆崭新的马车议论着。冯子材笑容满面，迈下门外的台阶，向前迎去。

马车很快就在冯府门前的空地上停下，早就恭候在那里的几个仆人一拥上前，牵马的牵马，开门的开门，只见两个男子笑呵呵地从马车上走下来。当头的一位童颜鹤发，羽扇纶巾，这是位年逾六旬的老者，却显出一副飘飘欲仙的样子。一看到迎上来的冯子材，他马上恭敬地拱手道贺："萃翁，华府落成，可喜可贺！"

冯子材高兴地上前拉着他的手说："活神仙，总算把你盼来了！"说着，回过身来对众人说："这位张神仙，是我的江左旧识。当年我从镇江南旋时，曾请他代卜一卦，说是如果我北上为官，可得封爵，若南返，则不独无大好处，而且是非甚多。证之今日事实，真是准确得很，简直就是预知未来的活神仙。所以这次新宅落成，我派人专程到镇江去请他前来，帮忙相看宅基风水。"

"哗，真是个活神仙！"镇江是冯子材发迹的地方，冯子材就是因为防守镇江有功，而获授官广西提督、赏穿黄马褂的，众亲友对此早就耳熟能详了。这时再听冯子材的一番介绍，又为张神仙的风度所倾倒，都不由得发出由衷的赞叹。

倒是张神仙谦恭地连连作揖道："萃翁过奖了，老朽的雕虫小技何足挂齿。俗话说长江后浪推前浪，世上新人胜旧人，我的这位小徒才真是当今的活神仙呢！"

听他这么一说，众人才注意到跟随在他身后的那位星目疏朗、丰神俊逸的中年书生，也有着一副翩翩不俗的样子。冯子材连忙上前见礼："原来是张神仙的高足，差点失礼了。"

那中年人也谦恭地回礼道："不敢当，不敢当，萃翁见笑了。"

张神仙忙给冯子材介绍说："这位姓香名锦安，是老朽的嫡传弟子，已全得我的衣钵，待会儿由他先看贵府宅基风水，写出判语。萃翁也是方家，相信一定会感到青出于蓝而胜于蓝的！"原来冯子材除善于领兵打仗外，平生别无嗜好，只是感兴趣于相宅卜卦。

冯子材听了张神仙的话，对香锦安肃然起敬："那就要烦劳先生了。"说完，侧身让客说："二位先生旅途劳顿，且先到敝府小憩片刻，请吧！"

张神仙和香锦安不约而同地摇手道："萃翁，看到贵府的风水奇特，我们师徒不觉技痒，不如先踏看宅基，写出判词，再叨扰如何？"

冯子材大喜过望，连声说道："好，好！"

于是，张神仙和香锦安到马车上取下随身携带的罗盘等应用物品，在众人的簇拥下，先在屋外四周细细打量，然后又进入宅中，楼上楼下地乱跑乱看，末了，还跑到村外及屋旁的小山上上下四顾。两人口中念念有词，不时地交换着众人听来似懂非懂的名词术语，最后，张神仙才向冯子材拱手作贺道："萃翁，贵宅是一块难得的风水宝地，可保佑冯家百年平安，人丁繁盛，富贵荣华。且借文房四宝，写出判词，以作日后验证。"

冯子材忙把二人迎进大厅，家人早已笔墨侍候。冯子材先请张神仙执笔，张神仙却指着香锦安说："小徒与我所见略同，由他操管也是一样的。"香锦安听到师父的吩咐，也不谦让，提笔就在一张备好的白纸上刷刷地写起来。须臾写毕，恭恭敬敬地呈递给冯子材。冯子材接过来，高声朗诵：

冯宅寅龙入首得穿山，庚寅二节丑龙得穿山，辛丑三节戌龙得穿山，庚戌四节丑龙得穿山。戊子立壬山丙向，兼子午坐危宿度分金，现行巽门外引巽气，且合木入坎宫，凤池身贵，文笔建于巽辛方，巽辛为文章之府。珍赏楼建于甲卯方，与来龙合催官贪狼格。池塘在离方，正受运气，得水火既济之妙，应发六十五年大富贵。至六十五年后，值癸巳年，急开离门，封巽庚门，并填离方池塘，左边开巽塘，右边开坤塘，必大兴旺九十年。此后值癸亥年，复改转巽庚门，开离方池塘，即成三元不替之宅也。但二、三、四、五节龙不合局法，今计至四十六年系乙亥年，巽辛方文笔与甲卯方珍赏楼概作尖顶红色火形，祖山加作尖秀文笔，定卜科甲蝉联，丁财鳞集矣。管见如此，尚祈卓裁。沐恩香锦安谨呈。

众人听得半懂不懂，莫名其妙，倒是冯子材佩服得五体投地，连声赞道："高明，高明！"对于文末几句有关后世祸福的文字还反复地吟诵了几遍，忽然又想起什么地问："这几处添补都是几十年以后的事情，眼下还有什么要添补的地方没有？"

张神仙与香锦安对视一下，会心地笑了笑，张神仙清了一下嗓子，捋着胡子说："既承萃翁下问，老朽就斗胆直言了。贵宅地处三座小山之间，形如卧虎，华府居于当中，如在虎腹，后世子弟，必为虎子虎孙。无奈卧虎与饿虎谐音，饿虎易于伤人，必须有物镇压才成。如在其余两山之上各修一塔，早上日出时，东边的塔影如同钢鞭一样抽在虎身上，晚上日落时，西边的塔影也像钢鞭一样抽在虎身上。就这样，朝朝暮暮，都有塔鞭镇住饿虎，

饿虎就不会出而伤人，妨碍子孙了。"

冯子材边听边点头："承教，承教。我马上就叫人修起这两座塔。"这时，冯子材发现香锦安欲言又止的样子，就诚恳地问："香先生有何高见，还望不吝指教。"

香锦安先瞥了张神仙一眼，看见张神仙颔首示意，便大着胆子说："贵宅的西南方向有一股若隐若现的黑煞气，主不日有刀兵之灾，如能祛除这股煞气，方可永保子孙世代平安。"

冯子材闻言，不觉动容："这股煞气从何而来，我怎的不觉？"

香锦安说："萃翁久居乡间，少闻世事，不知近日事变。贵宅西南方向乃是越南地面，近年法虏在越南猖獗肆虐，灭我藩属。上月又在北宁大败我援越桂军，危及西南边陲，并扬言要攻打广州、北海，煞气即从此而来。若不及时祛除，如被法虏侵入，家园丘墟，子孙将无处立足，更遑论平安发达了。"

冯子材半信半疑："真有那么厉害？"

"天机不可泄露，日后萃翁便知。"香锦安看到已经引起了冯子材的兴趣，唯恐语多有失，就没有再继续说下去。

夜深了，热闹了一天的家人和宾客都已入睡，偌大的冯宅沉入到浓重的夜色之中，只有冯子材和王氏夫人的卧室仍亮着灯。

"老爷，睡吧！"疲乏透了的王氏夫人强忍着瞌睡，从被窝里伸出头来说。这已是她的第三次催促了。

"你先睡吧。"披着衣服坐在床上的冯子材连身子也没动，只是闷声闷气地回答了一句，又陷入沉思之中。

"你还在想着广西的战事呀！"王氏夫人深知丈夫的脾气，知道一定是香锦安白天的那番话触动了他的心事，于是嘟囔了一句，翻过身来自管自睡去了。

夜更深了，四周显得更加寂静，只有一片冷冷的朦胧月光照进窗口，冯子材干脆下床吹熄灯光，再上得床来，把身子伸进暖烘烘的被窝里，依然半坐着想他的心事。

"假如还由我来带广西的军队，这次一定不会打败仗，以致丧师辱国！"冯子材痛苦地想，白天听到香锦安谈到自己指挥了十余年的数万广西军队在北宁居然不能作一日守，而被法军打得丢盔弃甲，虽然责任不在自己身上，冯子材仍感到自尊心受到深深的刺痛。他在心里又开始诅咒那已反复诅咒过多少次的名字："刘坤一、张树声、徐延旭、黄桂兰、赵沃……要不是你们把我逼走，就不会出现今天这样的败局！"

往事如烟。那些难忘的官场倾轧黑幕，一桩桩地重新浮现在他的脑海：

镇江战事既毕，身居广西提督之位的冯子材并不急着赴任，

而是向朝廷告假三个月，回到阔别十余年的故乡钦州。自从他以保镖身份于1852年在廉州投军以来，这是第一次回乡。不过，这次是衣锦荣归，场面与以往外出为人保镖的归来不同，不但亲朋好友相继登门祝贺，钦州街上有头有脸的官绅大户，不管识与不识，都备个帖子前来联络，有些人还主动送钱送粮送房屋前来巴结，甚至高廉道各衙门的大小各级官吏，也络绎不绝地登门拜谒，一时间车水马龙，好不热闹。冯子材则忙着修祖墓，开堂拜祭，串亲访友，应酬回访，忙个不亦乐乎，所幸妻妾能干，几个儿子也逐渐长成，可以帮得点忙，但三个月的时间哪里够用。当他准备再次上奏朝廷续假时，却迭连接到广西巡抚衙门的催促文书，要他赶紧销假赴任，有紧急军务相商。

原来，自从太平军北上后，1852年，广西新宁州渠芦村（今属广西扶绥县）的附学生员吴凌云，因不堪贪官污吏的迫害，在新宁州属的东罗圩聚众揭竿起义，附近的各地会党纷纷起兵响应，攻州夺府，声势浩大。1861年，吴凌云在太平府建立延陵国，自称延陵王。但树大招风，反而成了清军"追剿"的重要目标。1863年，吴凌云战死，其子吴亚忠率领余部退到归顺州（今广西靖西县）继续坚持斗争，并准备随时撤往越南。广西当局认为如不迅集劲旅，早日扑灭，定然滋蔓难图，又成不了之局。但广西各军不敷"剿办",且无得力大将督率,所以才想到声名显赫的新任广西提督冯子材。

按照清朝官制,广西提督为武职从一品,是一省中的最高军事长官,可以节制省内各镇军兵,但对军队只有管辖权却无调遣权。而广西巡抚虽然只是文职从二品,但文官照例要比武官高几级,因此,广西巡抚不但可以节制总兵以下的各级武官,还有监视提督、总兵及调遣军队的权力,俨然成为广西提督的上司。所以,当冯子材赶到广西提督衙门所在地柳州,正式接印视事后,顾不上处理其他事务,就匆匆赶赴省会桂林,与广西巡抚刘坤一会商"剿抚"农民军的事宜。

刘坤一,字砚庄,湖南新宁人,廪生出身,早年投入湘军,与太平军为敌。咸丰年间因"追剿"石达开而任官广西,逐渐擢升为广西巡抚。他虽然宦途顺遂,但也为"剿抚"农民军操够了心。吴凌云父子领导的农民军久"剿"不灭,颇令他感到头疼,这次催促冯子材赴任,就有趁机卸肩,将"追剿"责任推给冯子材的意思。所以,听报冯子材来见,不觉喜出望外,连忙整肃衣冠,吩咐大开中门,鸣放礼炮,自己则率领一干属官降阶相迎,这样破格相待,为的是笼络冯子材为他出力卖命。

两人相见寒暄毕,刘坤一就开口向冯子材致歉:"此次发逆

余孽谋扰越南，朝廷责备甚严。本院才疏学浅，挽回无方，只得不揣冒昧，催促军门命驾，实在歉疚。"

"朝廷何以如此看重此事？"冯子材问。

"还不是要顾全和越藩的关系。"刘坤一想当然地回答说。

"越藩究竟和我们有什么关系？"冯子材虽是钦州人，家乡与越南毗邻，平日尽多耳闻目睹两国官吏民人时相往还、关系密切的景况，但知其然而不知其所以然，对于两国关系的真实情况，还是不大清楚。

"这个，本院也不甚明了。"刘坤一有点语塞了，转脸指着在他下首坐着的一员官员说："还是听听晓山兄的高见吧！"

被称为晓山的那位官员赶紧站起来，俯首垂手作礼道："下官叩见军门大人！"这个官员年近五十，生得方面大耳，身材高大，显得十分精明能干，他就是刘坤一新委任的太平知府徐延旭，晓山是他的字。他是山东临清人，咸丰十年考中三甲进士，分发到广西，先任容县知县，因"追剿"农民军有功而擢升知府，是刘坤一特别赏识的能员。

刘坤一忙向冯子材介绍："这次发逆余孽图扰越南，本院曾派晓山兄到越南北圻察探军情，他回来后一连上了《越南国史略》《越桂交界隘卡考》《越南道路考》等几个条陈，洋洋十余万言，对于两国交往的渊源底蕴熟悉得很，学识渊博，本院也从中得益不浅。"

冯子材闻言，对徐延旭立生好感，欠身向他还礼说："原来是方家，倒要多多请教了！"

徐延旭的脸上掠过一丝旁人不易察觉的得意神色，但表面上仍装出谦恭的样子说："不敢当。大人有何垂询，下官一定知无不言，言无不尽，愿效犬马之劳。"

就是从徐延旭那里，冯子材得知中越关系的大概情况：

中越两国山水相连，唇齿相依，自从宋太祖开宝三年(971)越南丁氏王朝向中国请封以来，中越两国之间存在着长期的传统宗藩关系。清朝取代明朝之始，越南黎氏王朝主动送回明王朝所赐敕印，要求清王朝给予新的册封，康熙帝改封为安南国王。嘉庆年间，阮福映立国，仍循旧例向清政府请封，由嘉庆帝封为越南国王。直到现时在位的嗣德王阮福时，都须经由清政府的册封，才算取得正统的地位。近年来，由于外夷两次入侵，中国日衰，外患日迫，中国泱泱大国的地位已从根本上动摇，因此，维持与南边的越南、东边的朝鲜的宗藩关系，乃是保持清王朝大国体面的一个重要组成部分。

至于广西，由于地理和民族等方面的原因，而与越南的关系

特别密切：一是疆界相连。根据徐延旭的亲身踏勘和考证史册，得知广西的南宁、太平、镇安等府辖境与越南交界处长达1800里，关隘村寨相邻交接的不下百余处，相通的陆上大路有三条，小路无数。二是移民众多。从秦朝起，就有中原人士通过广西移居越南，其后历代不绝。这次吴亚忠所部农民军数万人，胜则踞守镇安归顺州，败则退往越南北圻，忽进忽退，出入自如。三是政治关系密切。越南数年一贡中国，贡道出入俱经由广西，由广西官员负责接送，两国来往公文亦由广西官府代为转呈，关系自然不同于别省的仅止路过可比。这次广西农民军图扰越南，越南政府无力镇压，只得向中国请求出兵入越"援剿"，清政府答应越南的请求，而出兵"援剿"的担子就落在广西军队身上。这一切，都是清政府责成广西当局迅速"剿抚"入越农民军的原因。

听完徐延旭的长篇大论，冯子材觉得收益颇多，连连向徐延旭致谢："真是听君一席话，胜读十年书！日后尚望多多赐教！"

徐延旭受宠若惊，慌忙拱手作答："下官理应效劳！"

刘坤一见到这种情状，连忙趁热打铁说："冯军门这次出师'追剿'，本院欲举荐晓山兄到军门麾下掌管营务处，不知军门意下如何？"在清军营中，营务处是一个重要的机构，兼有参谋、秘书、后勤等多种职责，一般是由既是主将的亲信，又有相当地位和能力的官员担任。冯子材赴任之始，人地两生，能够得到徐延旭这样的能员帮忙，当然万分高兴，于是爽快地答应了。

对于入越的广西农民军，冯子材原拟采取招抚的办法，希望兵不血刃即能了事，谁知吴亚忠誓死不降。冯子材无奈，只得率兵入越"追剿"，但农民军只是东躲西窜，很少与清军打硬仗，使得冯子材费了一年多的时间，在吴亚忠等战死后，才招抚梁天锡、刘永福等部，准备将就抚的农民军汰弱留强，愿意继续当兵的就编入清军，不愿当兵的就资遣回乡。由于梁天锡先降，冯子材便命梁天锡先率降卒入关回国，他则等待收编其余农民军后再凯旋。但梁天锡率军回到镇南关时，徐延旭因为任太平知府时，曾率兵"追剿"梁天锡，却被梁天锡打得大败，差点连性命都丢了，所以心怀忿恨，便借口就抚农民军的随身财物多为贼赃，要收缴入库。梁天锡当然看出这是徐延旭玩弄公报私仇的伎俩，心中不服，两下冲撞起来，梁天锡遂又率众反出镇南关，回到越南与尚未就抚的黄崇英等部会合，重新与中越官军对峙，冯子材的一番苦心白费了。

初闻徐延旭迫反梁天锡的消息，冯子材就已大怒，恨不得马上传来徐延旭讯明详情，但因"剿抚"诸事未完，只得暂时放下徐延旭，而忙着重新筹划"剿捕"事宜，这样又费了一年多的时

间，才击毙梁天锡，打败黄崇英，将入越"援剿"一事告一段落，清政府遂命冯子材班师回国。

早在奉命督办镇江军务时起，冯子材就被清政府授予专折奏事之权。但是，由于徐延旭做他麾下的总理营务处只是个临时的兼差，本职仍是太平知府的文职，因此，冯子材认为要参革他，最好是征得刘坤一的同意，联衔出奏，于是便赶到省城谒商刘坤一。

刘坤一早已闻知冯子材与徐延旭的龃龉，心里却是偏袒徐延旭，反怪冯子材不该参革他举荐的人员，不给他面子。加以看到吴亚忠、梁天锡等股农民军已经败亡，入越"援剿"算是大功告成，自己不日即可指升调任，已不需要倚靠冯子材出力了。于是在接待冯子材时，不复以前的谦恭和气态度，反而摆出一副威严冷淡的嘴脸，以"人才可惜"为借口，拒绝了冯子材联衔参奏徐延旭的要求。

气坏了的冯子材回到柳州的提督衙门，就径自把参革徐延旭的奏折单衔出奏，清政府很快下旨，命刘坤一"确切查明，据实具奏，毋稍徇隐"。刘坤一复奏称："徐延旭历任要地，防剿有功，遵查被参各款，均无实据。"于是，清政府据此答复冯子材："徐延旭被参各款既无实据，著无庸议。"过了不久，又有朝旨，根据刘坤一的密保，将徐延旭擢升为湖北荆襄郧道。

　　这下，冯子材才看清刘坤一的伪善奸诈的嘴脸，一气之下，他告假养病，不愿再为刘坤一卖命。这正中刘坤一的下怀，刘坤一遂札委他在湘军时的亲信幕僚、到广西以道员候补的赵沃接统边军。

　　冯子材这一告病就是五年之久，直到刘坤一升任两广总督，调离广西，冯子材才因赵沃处理李扬才反叛入越一案不力，被清政府指令重率边军，出而视事。这时，冯子材查出赵沃有谎报军情、冒称军功的事实，于是上奏清政府，将赵沃革职查办。谁知，当率军入越"追剿"的李扬才得胜回来，新任广西巡抚的张树声却以赵沃"功过尚足相抵"为由，奏请清政府准其留营效力。为此，冯子材曾上疏抗辩，但被清政府驳回。一气之下，冯子材再次告假养病。张树声趁机安插他的姻亲、记名提督黄桂兰和赵沃共同接统边军。直到光绪九年（1883），冯子材听到清政府有意将徐延旭升任为广西巡抚的消息后，才意识到自己的处境不妙，于是告病辞去广西提督一职，回到故乡钦州。而已升任两广总督的张树声，则保荐黄桂兰接任广西提督，与徐延旭、赵沃一起担负援越抗法的重任……

　　当这些往事一一掠过脑海，并消失在无边无际的夜幕中后，仍旧没有丝毫睡意的冯子材，双眼茫然地盯着透过窗户的模糊月

影，心里再次响起那个沉思已久的问题："假如我没有负气辞去广西提督，由我率领的广西边军会这样惨败吗？"他苦笑了，在黑暗中摇了摇头，因为假设的东西很难有确实的答案。不过，他想到，有空儿要再请张神仙为此事代卜一卦。

在广州那座富丽堂皇、气度恢宏的两广总督官邸里，面容憔悴、老态顿现的两广总督张树声完全失去了往日那种呼聚喝散、颐指气使的派头，却像热锅上的蚂蚁一样烦躁地在内书房踱来踱去，不时发出长吁短叹，这一声声的叹息，使得周围的气氛更显沉重和压抑。

乍一听闻广西边军在北宁被法军打得大败的噩耗时，张树声如遭雷殛，不觉浑身发冷，心里连连叫苦。虽然打败仗的是广西军队，但两广总督职任兼圻，广西提督黄桂兰都是由于他的极力举荐而在一年前得实授的，而且力主广西边军入越抗法，又是他首先向朝廷提出并被采纳的，一旦像一群臭嘴乌鸦一样的御史言官搜根寻底地追究起来，无论是连上哪一条，他都轻则会丢官弃职，毁了自己的一世英名，重则会被拿交刑部查办，查抄家产，发配军台，等等，都难以预卜了。想到这里，他不禁十分懊悔，感到不应该在五年前为安插黄桂兰，而与刘坤一合谋排挤冯子材："如由冯军门统率广西边军，就不会像今天这样惨败，更不会牵连到我了。"

五年前，张树声由江苏巡抚兼署两江总督、南洋通商大臣的职位改任广西巡抚，他带着随行人马由上海乘船，取道广州赴任。在广州换船时，他特意上岸拜访两广总督刘坤一。

一见面，张树声就要行下属参见上司的大礼，却被刘坤一笑吟吟地拦住了，刘坤一并亲热地叫着张树声的字说："振轩，不要折杀老夫了，彼此同寅，何必拘此虚礼呢！"说着，他环顾一下四周的厅堂说："再说，不久你也就是这里的主人了，我不过是代你多照看几天罢了！"原来，刘坤一早就从朝中大佬的来信得知：张树声调任广西巡抚只是权宜措施，为的是腾出两江总督的位置调剂给他，而遗下的两广总督一职则是预备给张树声的。

张树声连忙岔开这个敏感的话题说："岘帅言重了，下官才疏学浅，难胜繁剧。广西乃岘帅旧治，还望多加指教。"

刘坤一坐回自己的位子，捻着胡子慢慢地说："广西原是洪杨巢穴，匪患一直绵延不断，你若能斩草除根，尽歼丑类，其他事务则不过是率由旧章罢了。"

张树声点点头："这一点，下官在江宁时即已虑及，所以这次赴任，指调了一名得力将领和四千淮军随行，对付蕞尔小丑，

大概不会贻笑大方吧！"

"是哪一位将军？"刘坤一颇感兴趣地问。

"是记名提督黄卉亭军门，一员身经百战、功勋卓著的战将。"看到刘坤一这副神态，张树声便有意为黄桂兰吹嘘，因为当时的记名提督多得数不清，要谋个实职并不容易，因此，多一个人赏识就多一条路子。

"原来是他！"刘坤一的内心不由得感到一阵失望，因为他对这个名字并无印象，可见不过是个寻常将弁而已。但他心中另有图谋，所以就很快掩饰住自己的失望，装出一副思贤若渴的样子问张树声："他可曾随同前来？"

"正在外面伺候，岘帅可否赏脸一见，训示点拨？"

"快请，快请！"刘坤一连声说。

个一会儿，亲兵便领着一位身材魁梧、气度轩昂的将军进来叩见。刘坤一将他上下细细端详一番，然后眯缝着笑眼对张树声说："好一个将才，真堪当边疆提镇之寄，冯萃亭军门已经老惫，卉亭军门正好做其替人。"

听到刘坤一的这番话，张树声和黄桂兰相视一笑，张树声推着黄桂兰说："卉亭，还不快谢过大帅的栽培！"

黄桂兰赶紧趴在地上，恭恭敬敬地给刘坤一叩了三个响头，嘴里连声说："感谢大帅的栽培！"

等到黄桂兰退出后，张树声不无担心地对刘坤一说："只怕冯萃亭老当益壮，恋栈不去。"

刘坤一摇摇头，不以为然地说："冯萃亭不过是一个粗人，心高气傲，不甘人下，他打仗还可以，说到官场周旋的诀窍，就是一个十足的门外汉了，只要稍微一激，就可以使他自动让位求去。"

"那怎样下手呢？"张树声急着问。

刘坤一沉吟半晌，才慢条斯理地说："你不说我倒忘了，最近有一桩公案牵扯到冯萃亭。我有个旧属名叫赵沃，原在广西边关统兵，被冯萃亭挟嫌报复，上奏参劾去职。老夫前时已上奏代为辩雪，朝廷正好有旨令你确查复奏，只要你肯代为设法，保全赵沃，冯萃亭肯定会受气不过，又再告病卸职，到时，卉亭军门不是就可以递补了吗？"

张树声点头称是："下官遵教！"

后来，张树声到任，果然在赵沃一事上做了手脚，保全了赵沃，气倒了冯子材，又安插了黄桂兰，完全改变了广西边军的将帅格局。

"为了一个黄卉亭，连老夫都搭进去了，真是搬起石头砸自己的脚，甚为不值！"为此，当败耗初闻时，气急败坏的张树声

曾去函黄桂兰，狠狠责备了一番。据说，愧疚得无地自容的黄桂兰自知罪孽深重，无处遁逃，只得自杀以求解脱。

正当张树声自怨自艾，无以解脱时，一个亲兵走了进来，小声地禀报："大帅，香先生从钦州回来了！"

张树声顿觉眼睛一亮，犹如快溺死的人抓到一根救命稻草一样，扬起头来大声吩咐："快请进来！"

看到香锦安随着亲兵进来，张树声等不及他行礼请安，就迎上前抓住他的手，焦急地问："事情进行得怎么样啦？"

香锦安兴奋地禀称："此行不辱使命，总算说动冯军门关注中法战事了。"接着，便将如何利用相看冯宅风水的机会把话题引到中法战争上去的经过，详尽地向张树声禀报了一番。

张树声听后，面露喜色地说："那么，可以走第二步棋了？"

香锦安附和道："可以了吧。"

原来，这个香锦安根本不是张神仙的嫡传弟子，而是张树声的亲信幕僚。在初闻桂军败耗之始，张树声知道自己曾力荐黄桂兰接任广西提督，朝廷责备下来，自己免不了干系，葬送前程。他又不甘心坐以待毙，还想在朝廷下旨惩处之前，设法挽回危局。急切之间，他自忖囊中并无出色将才，于是想到告病回乡的冯子材，希望他能重新出山，率领援越桂军与法军打个胜仗，挽回局势。

但又怕冯子材仍计前嫌，不愿出山相助。正当他苦思无计时，恰巧探知冯子材因新宅落成，派人专程前往江南邀请张神仙来察看宅基风水，便心生一计，当张神仙路过广州时，派人卑词厚礼将他迎来两广总督官邸，要求张神仙让他那个能说会道、极善机变的亲信幕僚香锦安冒充徒弟，一同前去冯宅，相机把冯子材的兴趣往中法战事上引。张神仙一是被张树声的卑词厚礼所惑，二是想到事关西南边陲安危和国家民族大义，并非什么坏事，也就一口答应，遂与香锦安在冯宅互相配合演了一出真真假假的双簧戏。

现在，张树声听到香锦安报告已说动冯子材关注中法战事，知道第一步棋已经走对了，心中一块石头落地，因而决定马上走第二步棋。于是，他吩咐亲兵，到督标营中去传唤两个当值的将弁进来。

亲兵很快就传来督标营中的当值将弁参将张文龙、游击王一虎进来，待他们叩见毕，张树声郑重地交给二将一个早已写好的大信封，要他们尽快赶到钦州城外的白水塘村冯宅呈递，并取复函回来，路上不准有丝毫耽搁误事，二将遵命而去。

从广州到钦州几近千里，二将虽然快马加鞭，途中小作停留，但仍跑了将近四天，在第四天的下午才赶到白水塘村头，这时已是人疲马乏，累得不行了。

张文龙是个粗鲁汉子，在督标营里当个参将，早已养尊处优，

不堪劳累了，这次领受了这桩苦差，心里早就窝了一肚子气。他看到村头的小山坡上，有个身穿粗布衣褂的干瘦老头儿，头戴一顶旧草帽，手拿一根黄竹竿，正在放牧两头水牛，牛儿在悠闲地啃着山坡上的青草，老头却坐在一块太阳晒不到的树荫下，呆呆地望着远方，沉思地想着心事。张文龙扬起马鞭，指着老者盛气凌人地大声喝道："喂，老头，到冯府怎么走？"

听到这声突然大喝，两只水牛吓得停住了吃草，抬起头来，睁着两只大眼睛警惕地望着来人；原来躲藏在草丛中的几只灰黑色的小鸟也被惊得扑棱扑棱飞起，消失在山坡的拐弯处。只有那老者却像没有听闻一样，连身子也没动一下。张文龙骂了一句粗话，又扯着嗓门喝了一声，老者这才从沉思中回过神来，眯缝着被阳光照花了的眼睛望着这两个将官，慢条斯理地问："这位将爷从何而来？到冯府有什么事干？"

张文龙趾高气扬地答道："我们是从两广总督衙门来的，到冯府去呈递一封重要公文。"

老者"哦"了一声，转身指着矗立在远处小山上的一座新建屋宅说："那就是冯府。"说完，他转过脸来打量一下两个高踞马背上的差官，调侃地笑了笑："冯军门曾有令，要进白水塘，文官要下轿，武官须下马，二位将爷，可不能这样骑着马直闯啊……"

"放屁！"未待他把话说完，张文龙就瞪着眼睛粗鲁地骂起来："一个退职提督，哪有这么多的臭规矩！老子偏不信邪，就要骑着马闯闯，看他马王爷是不是长着三只眼！"

听他骂完，老者脸上勃然变色，似乎要发作起来，但他很快就冷静下来，歪着头轻蔑地瞥了张文龙一眼，冷冷地说："冯军门倒没有长三只眼，但他可以给二位将爷吃闭门羹。"

张文龙不服气，挣红着脖子还想说狠话，倒是王二虎小心，怯生生地止住他："算了，还是入乡随俗吧，要是把差事办砸了，大帅那里可不好交代。"

张文龙想了一下，颓然地点了点头，乖乖地从马上爬下来，随着王二虎，高一脚低一脚地牵着马，蹒跚地向冯宅走去。

望着两人渐渐远去的背影，老头轻轻地一笑，高兴得把手中拿着的竹竿往地上一扔，连牛儿也不管了，身手敏捷地绕过山坡，抄小路向冯府跑去。这老头不是别人，正是两位差官要找的冯子材。冯子材归家静养，兴致来时也会帮着干些农活，借以活动筋骨。他最喜欢的就是放牛，既不劳累肮脏，又可以远离烦嚣，一个人静静地坐在树荫下想心事。新宅落成后香锦安关于中法战事的一番话，勾起了他的无限思绪。军人的天性，使冯子材时时以

国家安危为怀，听到法寇猖獗，援越桂军大败，他心如刀割，因为这毕竟是他统率过多年的军队，里面的许多将弁军卒还是他的老部下。听道法军还扬言要进攻广州、北海，危及钦州时，他更是怒火中烧，义愤填膺，恨不得能立刻跃马扬鞭，驰骋疆场，与法寇拼个你死我活。但又想到自己已经退职，手中并无丝毫兵权，只好长叹一声。在冥思苦想没有结果时，他憋不住了，暗自找来尚未离去的张神仙，向他问问此事。张神仙似模似样地将他好好端详了一番，又惊又喜地对他说："你印堂发亮，官星显现，不出今年，定有天大喜讯降临，还会有一番大作为。"这一番话正说到冯子材的心坎上，所以在张神仙离去时，他重重地备办了一份厚礼相赠。

不过，虽然为宦多年，冯子材却因性情淡泊，对官场的事不很热衷，所以和官场故旧的联系也不多。究竟日后的喜讯会从何而来，他心中并无把握，甚至无从揣摩。这天，他正在一边放牛，一边想着这件事，却被两个差官打断了思路。看到这两个差官趾高气扬，他心里又是好气又是好笑，因而好好地嘲弄了他俩一通；但听说是两广总督衙门来投递重要公文，他自然与张神仙的预言联系起来，于是，连牛也不看了，连忙抄小路，赶在两个衙官的前面回到了家。

　　一进大门，冯子材就唤来几个仆人，吩咐其中两个年轻力壮、办事利索的整齐衣冠到大门上站班，等那两个差官到来，推说老爷身体欠安，概不见客，只收下他们投递的公文，不让他们进门歇息，以煞煞他们的傲气。如要回函，就让他们在门外等候。又吩咐另一个仆人，赶快赶去钦州街上请都启模老爷前来，有要事相商。安排既毕，冯子材就先回内书房等着。

　　都启模是钦州街上人，今年已五十一岁了。他早年在冯子材麾下当幕僚，两人合作很好。冯子材以战功逐渐擢升至广西提督，都启模也因赞襄军事有功，被冯子材保举，得到候补道的功名。但都启模却不愿做官，几十年如一日当冯子材的幕僚，冯子材遇着大小事情，也找都启模出谋划策。当冯子材从广西提督任上辞职回家，都启模也同进同退，跟着冯子材回到钦州老家。现在，虽然冯子材搬到了白水塘村，但仍与都启模朝夕相会，特别是碰到大小事情，一定要找都启模一同商量办法。

　　都启模一听到传唤，就骑着马飞快地赶来，与两个牵着马慢慢问路前进的差官前后脚到达冯府门前。当两个差官与守门仆人纠缠时，都启模已被引到内书房与冯子材相见。接着，守门仆人拿着两广总督衙门的文书进来，冯子材示意都启模拆阅。都启模打开信封，拿出公文一看，原来是两广总督的公函，便大声念起

来："三月初一日，承准总理各国事务衙门二月二十九日电开：本日奉旨：援越桂军连日大败，溃不成军，大亏国体，可堪痛恨！冯子材边情较熟，著传知该提督速赴关外，接统黄桂兰所部，毋稍迟延，钦此。到本部堂，承准此，相应恭录知会，烦为钦遵查照办理。等因奉此，当即前往接办。"

读完，都启模高兴地对冯子材说："萃翁，朝廷要重新起用你了，可喜可贺呀！"

可是，冯子材的脸上却无丝毫喜色，他的心被总督衙门那冷冰冰的官样文字刺伤了，刹那间，他的脑海似乎又浮现出张树声等人当年多方排挤他的情形，于是，他冷冷地回答说："别高兴得太早了！"

都启模感到诧异了，抖着手中的公文说："萃翁，这……"

冯子材沉思了许久，才恨恨地说："只要他张振轩还在当两广总督，徐晓山还在当广西巡抚，黄卉亭还在当广西提督，他们就不会让我安安稳稳地到关外带兵杀敌。这时，我如真的遵旨出关，前去关外统军，保不定他们又会搞什么花样呢。"

"对，对！"醒过神来的都启模连声说："徐晓山还兼着个督办关外军务的身份，此时如你到关外统军，不是成了他的部下吗？那更不成了。不过，如不遵旨，又怎样回复呢？"

"以我旧疾未愈为由，你代我复函推辞吧！"

都启模应了一声，走到桌边提笔写了起来。写完，他逐字逐句念给冯子材听："前提督于去年因病告假开缺，回籍调理，现在病体未痊，乘马足软，剿办难以支持。兹经西省徐抚院才高智广，新任黄军门韬略勇谋，两员能以办理。该法匪既众，兵勇单薄，势难取胜，恳请转奏添兵加饷，照楚军粮饷章程，祈为知会徐、黄两员，督兵进剿法匪，定必一战成功，以省糜费。"

"好！'才高智广''韬略勇谋'两句，正是他们举荐徐、黄二人的赞语，用他们自己的话去堵他们的嘴，看还有什么话说。这两句用得好！"冯子材赞道。

再说广州的张树声，眼巴巴地盼了个七八天，却得到这样语含嘲讽的冷淡答复，知道冯子材旧嫌未消，不愿出山相助援救，只得失望地长叹数声，静待朝廷的惩处了。果然，清政府不久就有旨追查援越桂军战败的责任，将徐延旭、黄桂兰、赵沃三人革职，拿交刑部查办。当初力荐黄桂兰的张树声见势不妙，赶忙上奏辞职，清政府在照准以后，仍找了个小借口，将张树声革职留任。当年，张树声郁郁病死于广州。

## 第二章　张之洞力邀老将再出山

广州方面第二次派人来找冯子材，已是半年以后的事了。

提前三天，钦州的陈知州就坐着州衙的四人大轿，摇摇晃晃地来到白水塘，到冯府谒见冯子材，告知湘军宿将、以兵部尚书衔钦差会筹广东防务的彭玉麟彭刚直大人将亲临探视，并指挥衙役在村口搭起一个似模似样的接官亭。到了那天，冯府上下粉刷收拾一新，在钦州的萃军旧部中有职衔的人，都找出旧日的翎顶官服穿戴起来，一早便齐集冯府，簇拥着同样衣冠整齐、翎顶辉煌的冯子材，到接官亭里恭候。待到朝阳东升，天地晴朗时，从钦州开出一队队手执金瓜铁钺的步骑仪仗，络绎不绝地排到接官亭前，接着才是一乘八抬大轿，在差役鸣锣开道的吆喝声中，缓缓地向接官亭走来。轿子在接官亭前停下，两个戈什哈赶紧上前掀起轿帘，里面走出一个身穿一品官服的年老官员，这就是钦差大臣彭玉麟。彭玉麟字刚直，湖南衡阳人，早年投入湘军，积功授兵部尚书衔。本来已告病回籍静养，北宁战败后，清政府为加强广东防务，给他以钦差大臣名义，与新授两广总督张之洞等会筹广东防务。

一见彭玉麟走出轿子，冯子材马上迎上前去作礼，并亲切地招呼："刚翁，久仰，久仰，大驾光临，实令蓬荜生辉呀！"

彭玉麟同样高兴地还礼："萃翁，大名如雷贯耳，仰慕二十余年，今日始能当面瞻仰，真乃三生有幸！"

当年冯子材驻守镇江时，彭玉麟恰好在长江一带统领水师，两人虽是水陆异途，却只相隔咫尺，动静互闻，只是囿于职守，一直无缘相见。那以后，彭玉麟先是节制长江水师，后又回衡阳原籍守制，冯子材则移镇广西，更无从见面了。这次，彭玉麟屈尊来访，怎不叫冯子材高兴呢？

等到见面寒暄、设宴接风等例行礼仪既毕，冯子材便把彭玉麟请进内书房，屏退从人后，才郑重地对彭玉麟说："刚翁这次光临寒舍，不知有何赐教？"

彭玉麟已收起一脸笑容，面露悲愤之色，长叹了一声："还不是因为的是法寇猖獗……"

"法寇如何猖獗？"冯子材急着问。

自从香锦安来踏看宅基风水时提及法军大败援越桂军，扰及西南边陲的消息后，冯子材本来静如死水的心境又泛起波涛。军人保国安民的天职，使他再也不能安心乡间的退隐生活，曾千方百计向人打探战事，但毕竟是不在其位，不谋其政，除了听到一

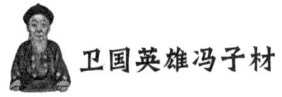

些皮毛的消息外，对于清政府的上层决策根本不了解，对于法军日后的动静更是毫无所知，心里十分憋闷。

六月间，新任两广总督张之洞，曾给冯子材来过一封信，就请他率军攻袭法国占踞的越南广安、海防一事征询他的意见：

启者，法人弃信背盟，逞兵要挟，索款甚巨，数至千万有奇；美国排解居间，悍然罔听。然已夺踞基隆炮台，近又纠其兵船，麇聚闽海。粤为闽邻，防务日亟，万一始终决裂，战局纷纭，必须有后路攻袭之师，庶几敌人有所顾忌，不敢尽起陆兵肆扰各口。

钦州民团自得宏才指麾，谅已日形精整。鄙意拟请阁下速将团练密加部勒，营哨官分别派定，一遇事机紧迫，即将精健练勇酌带二三营，配给军火，取径疾趋，袭彼广安、海防，广张声势，多设疑兵，以为牵制之计。惟钦州练丁是否善战？军械能否御敌？至少约须几营？道路共有几程？或宜沿海或宜踰山？转运是否无阻？就地能否图粮？后路消息能否不致隔绝？彼处居民能否结为内应？广安、海防敌人陆兵几营？炮船几艘？均望切实筹度，绘画简明地图，飞速见示。能行，则大可建此奇功。

阁下威略老成，熟习沿边地理，专赖良谋，无任翘切！

这时，冯子材已得知张树声、徐延旭等人均受到朝廷惩处，自己重新出山已没有后顾之忧，顾虑尽去。接函后，与都启模等旧属商议一番后，复函张之洞，慷慨请缨出战：

查该法夷自上年到越以来，于今两载，并未受过大创，所以恣意要挟，无所瞻顾。为今之计，与其暗袭牵制，侥幸于目前，何如挞伐大张，以杜欲壑于日后？查两粤兵勇自来素称得力，即子材向年三次督办越南军务，亦皆借以成功。盖粤勇之于越南，不独服其水土烟瘴，且又人情风尚无不熟识。因地用人，古之明训。所幸子材所患之疾已愈八九，如蒙我大公祖垂爱，任以军旅之事，即请奏明，将现在关外尚未遣散之粤勇一并调至谅山、海阳交界之宣安州，并由子材就近募勇，连关外粤军共足一万五千人，均交子材统带调遣，应胥粮饷概照楚军章程给发，所有广安、海阳两夷省均请大公祖责成子材以克复之。

但复函寄出后，却没有回音，老于军事的冯子材深知，出现这种情况无非是由于两种原因：一是形势好转，不再需要他这个退职将官出山作战了。二是形势严重恶化，过去的作战部署已不适用，需要另外筹划大的行动，因而张之洞未能答复。现在听说

彭玉麟来访，他知道这并不是一般的探访叙旧，定与自己请缨出战一事有关，所以他急着探问战况。

彭玉麟听到冯子材的问话，心情沉重地回答："说来话长……"

原来，法军在北宁大败援越桂军后，派出海军中校福禄诺代表法国政府，与清政府的全权代表、北洋大臣李鸿章签订了《中法简明和约》。然而，《和约》墨迹未干，法军就无理进逼驻守越南观音桥的援越桂军，挑起事端，遭到援越桂军的迎头痛击，大败而归。法军恼羞成怒，悍然撕毁《和约》，凭借其海军优势，派出孤拔舰队侵扰我东南沿海，威胁清政府赔偿巨款。在遭到清政府的坚决拒绝后，法军舰队肆无忌惮地袭击和强占基隆，炮轰马尾造船厂，重创中国的福建舰队，并企图北扰直隶，胁及京师……

听到这里，冯子材忍不住怒火中烧，牙齿咬得格格作响，一对拳头捏得青筋毕露，猛地捶在桌子上，大声说："法寇小丑，敢于如此横行，贪得无厌，不予惩创，怎能警诫异类而大振国威？"

彭玉麟在一旁也唏嘘不已。

激愤之余，冯子材又问："朝廷有何对策？"

"我和张香帅看到法寇猖獗，而又深知我海军新近练成，尚非法舰对手，因而联衔上了个折子，建议朝廷扬长避短，攻其必救。即在海上采取守势，却出动陆师攻打侵越法军，牵制其主力，使其不能全力攻扰我海疆！"

冯子材边听边点头："扬长避短，攻其必救，这个计策不错，只不知朝廷如何处置？"

"当今皇上、皇太后圣明，阅折后马上纳奏，降旨命粤、桂、滇三省出兵入越攻剿。云南一路由岑云阶制军亲率滇军一百余营数万人出宣光，趋山西；广西一路由潘琴轩中丞率桂军八十营数万人，出谅山，取北宁；广东一路则出军直取广安、海防。然后三省合力，会师河内，尽逐北圻法军。"

这次，冯子材静静听着，却又不时微微地摇头，似乎不甚赞赏。但等彭玉麟的话音一停，他却即提出另外一个问题："广东军队由谁统率？"

彭玉麟双眉皱蹙："本来，张振轩前督和我都可以带兵前往，奈何法军又扬言要攻扰海南和广州，全省四处戒严，分兵防守，张香帅、张前督和我都无法分身，其余各将又都是偏裨之才，难以独当一面，所以正为此烦恼呢。"

冯子材心中一动，两眼紧盯彭玉麟，欲言又止："这个……"

冯子材的神态被彭玉麟看在眼里，他愁闷的心情慢慢开朗，脸上掠过一丝笑容："萃翁回家养疾年余，不知贵体可否痊愈？"

冯子材灵活地伸展一下手脚说："托福，已经好利落了。"

彭玉麟高兴地说："痊愈了就好！"说完，他满怀希望单刀直入地问："萃翁能否出山，相助香帅和老夫一臂之力？"

冯子材面色肃然，大义凛然地说："国家兴亡，匹夫有责。如蒙垂爱，任子材以军旅之事，敢不效命！"

听罢冯子材的这番话，彭玉麟激动地站起来，恭恭敬敬地走到冯子材面前，深深地鞠躬道："萃翁能为国出力，老夫和香帅谢过了！"

冯子材连忙还礼道："刚翁和香帅公忠体国，造福庶民，子材正要感谢呢！"

两人坐回座位后，彭玉麟问冯子材："香帅和老夫欲烦萃翁率军进取广安、海阳，不知能成行否？"

冯子材答道："出征杀敌，自当朝令而夕行，奈何我有肺腑之言，欲斗胆直言，还望刚翁恕罪。"

彭玉麟有点诧异了："萃翁有何高见，还望不吝赐教。"

"三省出兵入越攻法，本是扬长避短，攻敌必救的上策，只恐各自为战，兵分力单，非唯未能破敌，犹恐为敌各个击破，徒损精锐，适得其反。"

彭玉麟闻言不觉一惊，连忙趋近问道："萃翁此话怎讲？"

冯子材说："就以所筹粤军进取广安、海防一路为例说吧，此路征程遥远，皆是沿海而行，法军兵船可从海上节节击我，我却无得力铁舰以护陆师，只有束手受敌，自取败亡，而无补于大局！"

彭玉麟暗自一惊："萃翁有何高见？"

冯子材比画着说："滇、粤二军所向，都是法虏的偏锋，胜之不足以撼敌，不胜则大损国威。唯独桂军出北宁，取河内，乃法虏心腹要害，决战之地。不如迅速聚合三省雄兵，齐趋北宁一路，高屋建瓴，泰山压卵，一战而告成功呢？"

彭玉麟听完，蹙额沉思了一下，突然眉开眼笑地说："萃翁高见，令老夫茅塞顿开，回去之后，一定与张香帅赶紧奏明朝廷，照此办理！"停了一下，他又问冯子材："如果粤省出兵援桂，萃翁能否挂帅遄征？"

冯子材豪迈地答道："如有任用，敢不从命！"

彭玉麟说："这样就好！我来时已与张香帅商定，如萃翁愿意挂帅出征，即请就地招募军兵，由省里筹拨粮饷军械应用，迅速成军，早日拔队起程。只不知萃翁能带多少人马？"

冯子材胸有成竹地答道："我在镇江时已带兵万余，任广西提督时，三次应邀入越援剿，每次都带兵万余。这次出征法虏，与寻常征战不同，至少亦得三十营一万五千人才行！"

彭玉麟微微皱起眉头："这个……可能多了点吧。省里现时四处备战，粮饷军械需用甚钜，一时间哪里能筹到如此数量……"

冯子材不高兴了，脸色沉了下来："刚翁是否认为老朽不能带兵啦？"

彭玉麟为难地眨巴着眼睛，过了一会儿，才像最后下决心一样说："这样吧，你先动手招募二十营一万人，其余数目，容我与张香帅商议后再作定夺如何？"

冯子材点头说："也好，但不知要几天成军？"

彭玉麟说："军情紧急，当然是越快越好！"

送走彭玉麟，冯子材马上被守候在客厅的一批旧部属包围了，他们是相貌相似，都长得黄黑瘦削精干的副将冯兆金、参将冯兆玉兄弟俩；黄寡脸皮的参将梁振基；矮胖壮实，红通通的脸膛上长着一颗硕大红艳酒槽鼻的游击杨瑞山；沉默寡言的都司麦凤标；还有都司刘积璠、守备冯骅、刘汝奇、陈之瑞；千总陶烈武、陈荣坤；把总黄万成、梁有才等；而文弱书生模样的都启模等人因挤不过这些武人，只好远远地站在一边等待。众人都迫不及待地七嘴八舌向冯子材打听与彭玉麟会晤的情况。冯子材乐呵呵地看这一张张熟悉的脸孔，心里不觉一阵阵发热，他深深了解这些老部下的脾性，一听说有仗打就手痒。其实，自从法寇猖獗的消息传开后，这些跟着冯子材一起辞官回乡的钦州籍同乡，没少从四乡赶来冯府打探军情，慷慨请战，有的还带着刚刚长成的子侄亲属前来，要求投军去打法寇。受到这些旧部属效命国家的热情的感染，冯子材毫无保留地把与彭玉麟谈话的内容详细地告诉了他们。听说冯子材要挂帅出征打法寇，他们都争先恐后地要求跟随前去杀敌立功。冯子材高兴地说："这当然少不了你们的份儿！"

"阿爸，还有我们兄弟俩呢！"两个青年人一边大叫，一边挤着人群，想挤到冯子材面前来。这两人相貌长得与冯子材相似，但身材更加高大壮实，脸上洋溢着青年人特有的朝气。人们认出年纪较大那个是冯子材的第三个儿子、同知衔冯相荣，年纪较轻的那个是冯子材的第五个儿子、同知衔冯相华。

"你们兄弟俩也一起去！"冯子材满怀喜悦地望着这两个儿子。他年轻时家境贫寒，为人保镖挣来的钱仅够糊口和赡养老人，却无力娶妻。只是在投军以后，随着官职的擢升，俸禄渐丰，才在四十余岁时娶妻纳妾，先后生了九个儿子，三个女儿。其中大儿子冯相猷是个读书人，考得个州学附生。二儿子冯相贤身体多病，年纪轻轻就夭折了。只有这个三子和五子从小就身体壮实，不爱读书，只喜舞刀弄棒。哥俩年岁仅相差一年，个头长得差不多，脾气也很相投。冯子材特别喜爱这两个儿子，从小就带在身边，

让他们跟在军营磨炼，以便日后长成将材，继承父业。光绪五年（1879），冯子材应邀入越剿捕叛将李扬才，在攻打水岩时，官兵伤损过重，咸怀退志。冯子材就命令年仅十三四岁的小哥俩手持令箭到前敌督战，众将士见状，遂鼓勇而战，一举攻克敌寨。事后，两人都因功被保同知衔并赏戴花翎。这段时间来，他俩一直摩拳擦掌，跃跃欲试，也不知缠着冯子材说过多少次要打法寇的事。这时，看到众叔伯都争着要随父亲出征，他们也不甘人后，所以挤进来大叫大嚷。而冯子材早就盘算着要带兄弟俩出征，一是为国出力，二是自己年纪已大，身边也需要有亲人照料，所以就满口答应了。

看到大家稍为安静下来，冯子材又说："我们还是按老规矩办事，大家立刻回乡树旗招募营勇，招得一百人即委为哨长，招得五百人即委为管带，招得三四营人即委为督带，限十日成军，带来钦州城集结。"

众人欢呼雀跃："遵命！"

看到众人胸有成竹的样子，冯子材叮咛了一句："别忘了遴选那些官卑职小、年富力强的人充任营哨官弁。"这是萃军挑选将弁的一个重要原则，因为冯子材认为，官卑职小的人升官心切，非舍命杀敌无以超尘出众；年富力强的人心雄胆壮，勇往直前，不甘落后。萃军每战克敌，常操胜券，得力于这条原则不少。

冯兆金、冯兆玉兄弟俩家住钦州城外的大寺圩，他们行动快，当晚回到家中，就叫人在圩头空地上搭造募兵平台，树起萃军大旗，并赶写简单告示："国家有难，应募者速来！"在圩中住家的墙壁树木四处张贴。同时，连夜派人通知熟识的兄弟子侄、亲朋好友、旧日部属，鼓动他们前来应募投军。

第二天一早，冯兆金就穿上副将的武职二品官服，戴上红宝石翎顶；冯兆玉穿上参将的武职三品官服，戴上亮蓝水晶顶子。兄弟俩风光十足地坐在平台上，等待着来人应募。平台前面的空地上摆着几张桌椅，上面放着笔墨名册，由几个书手在那里登记入册。

这天恰好是圩日，四乡八邻的农民来赶圩，看到这个阵势，听说是冯子材冯提督募兵打法寇，都产生了极大的兴趣。因为冯子材当时是钦州地方当官当得最大的人，而且官声又好，在民间流传着许多关于他的故事，在一般农人心目中，被视同为神人，所以都挤来看征兵情况。而冯家兄弟的兄弟子侄、亲戚朋友、旧日部属早有准备，一来到就抢着报名，惹得一些看热闹的小伙子也跟着去报名，几百人争先恐后，累得几个书手应接不暇。

一个粗壮小伙子，在报名应募后，并不急着离去，而是围着

平台磨磨蹭蹭，一副欲言又止的样子。冯兆金感到奇怪，就把他叫住，问他有什么话要说。这个小伙子显然是个不善言辞的人，但又受着强烈的好奇心驱使，于是涨红了脸，憋足了劲，才结结巴巴地问道："大人，听家中老人传说，冯大帅用兵如神，当初在廉州府，只用一百人就打败刘八的上千人，有没有这回事儿啊？"

冯兆金点点头说："对，有这事儿。当初我就是和冯大帅一起打刘八的！"

他们的一问一答，吸引住许多赶圩的人，人们都挤过来，把平台里三层外三层地围个水泄不通。那个提问的小伙子激动地叫起来："冯大帅用兵如神，这次我跟他去打法鬼，也打几个胜仗，弄个官当当！"他的这几句话，惹得旁人哄堂大笑。

杨瑞山生性嗜酒，又好打仗。听到冯子材叫他募兵随同出征广西关外去打法鬼，心里十分高兴，当天便赖在冯府讨了一顿酒喝，并留宿一夜。第二天才摇摇晃晃地回到老家防城街，召来一些旧部和亲友，商议招兵买马的事情，谈得高兴，又弄来酒菜喝了一顿。这样，等到第三天，他才穿戴起游击的三品武职官服，搭台树旗招兵。杨瑞山也算是防城街的名人，听到他要招兵打法鬼，许多人都围来观看。防城只设一个巡检司，属下的东兴街与越南芒街接壤。黑旗军首领刘永福在越南抗法，也不时派人回东兴、防城

招兵，因此防城一带的人对法寇在越南的横行霸道的事情听得很多，也知道黑旗军抗法的许多传说故事，所以杨瑞山要招兵打法鬼，许多年青人都踊跃报名。只是有几个前几天曾到大寺圩赶圩的年青人，诧异地望着杨瑞山头上的亮蓝顶子，凑在一旁窃窃私语，末了，他们推出一个胆大的小伙子，走近杨瑞山身边，怯生生地说："大人，你是不是和大寺圩的冯大人一起跟冯大帅在廉州府投军的？"

杨瑞山笑眯眯地回答："是呀！这都过去二十多年了，还提它干吗？"

"为什么冯大人戴的是个红顶子，你戴的却是个蓝顶子呢？"小伙子指着杨瑞山的头顶问。

杨瑞山听到这问话，伸手摘下自己的顶戴，拿在手上端详了一下，不好意思地搔了搔头皮说："我原来戴的也是红顶子，只是一次没能遵守冯大帅的军令，而被降了下来……"

杨瑞山是冯子材麾下的爱将，打仗十分骁勇，曾被冯子材保举到从二品的副将官职，戴上了红顶子，当时上司曾暗示冯子材不要让杨瑞山升得这样快，冯子材不肯，回答说："他有功，哪能不升？"

冯子材移镇广西时，杨瑞山随同前往。当时广西军队的纪律很差,旧军队的各种弊病表现得很突出,冯子材决心好好整顿一下,但考虑到积习太深,仅惩罚桂军旧将,可能难以服众,遂决定在自己人中开刀,以示公正。一次,冯子材带兵追剿,因对方拟从广安走东兴,逃窜海上,于是飞檄杨瑞山,限三日夜率部驰至芒街截击,误时者治以军法。杨瑞山遵命率队前往,中途遇着大雨,道路泥泞难行,军士苦求不要连夜行军,杨瑞山因军情紧急,没有答应。但雨越下越大,道路冲塌,无法行走,只得停留了一夜。等赶到芒街后,已误期一天,杨瑞山知道冯子材军纪严明,此事绝不会轻易放过,在战事结束,就自动赶赴提督辕门请罪。冯子材正要借题发挥,于是雷霆震怒,一定要将杨瑞山按军法从事,经众将苦苦求情,要求看在杨瑞山过去所立军功份上,给予减免。冯子材拗不过众人,只得将杨瑞山改处降官三级,重杖示众。处理了杨瑞山后,冯子材再处理其他将弁就比较容易了,桂军军纪才得到整顿。后来,杨瑞山因功又升一级,才由都司升为游击……

听到杨瑞山讲完这一切,众人都吃了一惊:"冯大帅治军这样严,在他手下要谋个一官半职也真不容易。"

杨瑞山却不以为然地说:"俗话说,强将手下无弱兵,要不是冯大帅严于治军,萃军也不会打这样多的胜仗!"

众人点头道:"对,对!"

梁振基是小董镇人，他的招兵方法不像冯兆金、杨瑞山那样威风张扬，却显得更有实效：他把冯子材发给每个应募士兵的安家费三两六钱银子，分别用小布袋包好，像小山一样堆在登记名册的桌子的旁边，并在写着"国家有难，应募者速来"的告示下面加了一行字："月饷四两二钱"。当时，一两银子可以买一担白米，在许多靠种两亩薄田或帮人佃工为生的穷苦农民看来，这已是一笔不少的数目了，因而有些青年人本来并不准备应募的，看到别人兴高采烈地拿到了安家银子，心里怦然而动，情不自禁地就去报名应募，领取安家银子。一时间，小董镇各处都传说着："当冯大帅的兵，饷银十足！"

梁振基身穿便服，一会儿在登记处看看，一会儿到人堆里听听各种议论，他生性沉默寡言，不好说话，但内心智虑精详，头脑灵活。看到桌上的饷银渐渐少下去，他知道招募顺利，心里也很高兴。望着一个个心满意足而去的青年人，他感慨地心想："冯军门带兵就有这点好，不克扣士兵的军饷。"

望着那一包包装满饷银的小布袋和一个个生龙活虎的应募青年，梁振基不由得对未来的战事充满了信心。

当诸将忙着招兵买马的时候，冯子材也没有闲着。他一面与钦州的陈知州在钦州城内为未来的新军赶号营房，制作军装，清理校场，准备训练场所，一面出资雇请铁匠打造上千柄坚韧锋利的钢刀，取名清光刀，以备日后与敌肉搏之用。还利用钦州有制作陶器的传统工艺，叫人将萃军原来用布包炸药的炸药包，改为用陶瓶做外壳，内装火药，瓶嘴连接用纱纸制成的火绳，瓶耳可以系绳，便于携带，威力较大的先锋煲，作战时用来投掷炸伤敌人。同时又不断地去函去人，向广州催饷催械，指调文员前来听候调遣。两广总督张之洞不但很快拨银五万两给萃军做招募费用，还拨发抬枪五百杆、士乃打枪一千杆、大熄枪二千杆，劈山炮及后膛洋炮数尊，连响洋枪约百件给萃军，并派委署理廉州府知府黄杰前来办理萃军营务处。又通知，派广西右江镇总兵王孝祺率勤军八营四千人，赶赴广西关外，与萃军合作一路，听从冯子材的节制调遣。

在忙忙碌碌中，十天很快就过去了，到了第十一天，翎顶补服辉煌的冯子材，在黄知府、陈知州、都启模等一干文员的簇拥下，一早就来到钦州校场的阅兵台。台下黑压压地站满了新募的九千士兵，冯兆金、杨瑞山、梁振基、麦凤标等一干官员，都各穿官服，骑着高头大马，威风凛凛地站在各自部属的前头，听候冯子材的训示。

这天是个万里无云的艳阳天，灿烂的阳光把偌大的校场照射

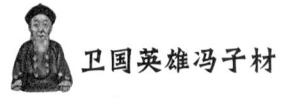 

得一片光亮。看看时辰已到，只听得一连声惊天动地的礼炮鸣响，原来闹嚷嚷的士兵安静下来。冯子材缓缓地走到台前，满意地看着台下朝气蓬勃的兵将，大声说："法寇小丑，屡次欺我大清，袭我水师，占我基隆，还欲扰我广州、北海，胁及我钦州。朝廷飞书檄，要我钦人为国出力。我虽老迈，但报国之志不减当年，愿与诸君同仇敌忾，前往广西关外杀敌，不打败法寇，誓不回还！"

听完这番铿锵有力的说辞，台下众兵将一阵欢呼。

接着，冯子材又宣布了萃军军纪："各营军兵，露营住宿，禁入民村，禁住民房。全体官兵，严禁夜出，白日入街，须持手令，如违令者，军法不赦，一律严处，斩首示众。拦路抢劫者斩，强奸妇女者斩，偷牛偷猪者斩，拐带人口者斩。"

这些口吻严厉的训辞，听得一些新兵心儿乱跳，脸色发白，连连咋舌不已，他们深深感到，当好萃军兵士可不是一件容易的事情。

最后，冯子材宣布了全军的编制：全军分为前、后、左、右、中五军。中军由冯子材亲自指挥，下辖左、右两营，同知冯相荣管带中军左营，同知冯相华管带中军右营。各军辖中、前、左、右四营，副将冯兆金为右军督带兼统中营，守备冯骅管带右军左营，千总陶烈武管带右军右营，守备陈之瑞管带右军前营。参将梁振基为左军督带兼统中营，把总黄万桂管带左军左营，守备黄秀玲管带左军右营，守备陈仕任管带左军前营。游击杨瑞山为前军督带兼统中营，都司刘积璠管带前军左营，知县刘汝奇管带前军右营，千总陈江志管带前军前营。都司麦凤标为后军督带兼统中营，都司冯绍珠管带后军右营，把总梁有才管带后军左营，千总陈荣坤管带后军前营。

招募士兵只花了十天的时间，将这些新募士兵集结整编，加以初步的军事训练，却费去了冯子材的不少时间。这些投军青年虽然报国的热情高涨，不少人还学了点拳脚功夫，但却没有丝毫的军事经验，冯子材及众将官们只得手把手地从头教起，从如何列队、出队、收队、站岗、值勤、使用武器，到听从长官命令、配合作战等。在训练过程中，冯子材还注意挑选奋勇，将士兵中能够伏地蛇行、矫捷如龙的作为上选，能一跃越过八尺宽壕沟的作为次选，对他们加以特别的训练。除了要求他们善使青光刀、先锋煲外，个个枪法要好，每靶五枪全中，能在百步远的地方射穿茶碗；还规定他们每天要跑步，吃苦耐劳，增强体质，将来可作杀敌的主力使用。

对于那些第一次被委为营哨官的将弁，冯子材也以身作则，教导他们如何带兵打仗：每次拔队起程之前，营哨官都要派人预先打前站熬粥煮饭，以待后来的大队士兵得以打尖充饥，也使沿途买卖减少纠纷。每天宿营时，要先经管带踏勘地势，规定营帐

距离，然后各哨官督促本哨士兵，依照划出地方，一面向外挖掘水沟，一面向内修筑土墙，撑搭帐篷，然后造饭住宿。翌日五更饭饱，拆收帐篷，列队点名起程……

经过这样的初步训练，这支新募成军的部队，才成为一支具有一定战斗力的军队。

由于军情紧急，各方面催促得很紧，因而，冯子材只将新军草草训练一番，就准备开拔了。

这天一早，冯子材率领全家上下，在祖宗灵前举行了辞祖式。

冯家原籍广东南海县，世代以航运为业，到曾祖时，因大水冲没原籍故居，祖父遂奉曾祖母迁居于钦州东门外的沙尾村。到了冯子材出生时，家里仍靠泛舟贩盐度日，家道已日渐衰落。冯子材四岁丧母，十岁丧父，时已无力营葬，只能以薄棺掩埋，直到冯子材发达后，才能正式营葬。因为冯子材积有勋劳，朝廷循例诰封三代先人：曾祖冯遂云、祖父冯广运、父亲冯文贵为振威将军；曾祖母潘氏、祖母黎氏及母亲黄氏为一品夫人。冯子材衣锦荣归后，请人为三代先人绘画了衣冠像。新宅落成后，又将一间厅堂用来供奉祖宗三代的衣冠像和灵位。现在，灵前的古铜鼎彝等祭器已擦拭干净，香烛辉煌，烟火缭绕，供奉的猪头三牲还散发着微微的热气。

浑身戎装打扮的冯子材，领着夫人王氏，侧室农氏、黄氏，长子冯相猷、长媳蔡氏，三子冯相荣、媳余氏，四女冯金玉，五子冯相华、媳杨氏及年纪还小的六子冯相钊，七子冯相锴，十一子冯相焜，十二女冯鸿玉，十三子冯相棨，十四子冯相标，十五女冯白玉，以及长孙冯承祥，分班排列在灵前。在静默中，冯子材深情地望着先人的衣冠像和灵位，心里感触万分：自己几十年来各处奔波，在家日少，以致先人的尸骸灵位也未得好好安顿，只是这年余辞官归里，才算让先人灵寝有了好去处，如果法寇攻来，不单活人遭殃，祖先灵位也不得安宁，想到这里，不禁心头微酸，泪水几乎涌出眼眶。他强忍激动，拿起一把香烛，虔诚地点燃后，恭恭敬敬地插在灵前的香炉上。接着从身上掏出由都启模等幕僚拟就的辞祖文，语调庄严，一字一顿地慢慢念起来：

"列祖列宗在上，法人犯顺，扰我海疆，侵及边关，生灵涂炭，凡我民人，无不共愤！四世裔孙子材、五世裔孙相荣、相华，忝列军职，效命王事，羽书飞檄，急如星火，支大厦于既倾，守土有责；救万民于倒悬，死而后已！唯一出家门，即乏供奉，公而忘私，自古难全，特告罪于列祖列宗灵前。伏祈祖宗神灵佑护，旗开得胜，马到成功，歼渠擒夷，壮我河山……"

诵读既毕，冯子材领着家人在灵前深深跪拜叩头。

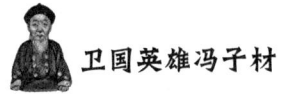

回到前进正厅，冯子材唤来夫人王氏，语气沉重地嘱咐道："此次转战边关，居无定所，不似在柳州提署时，你就不要随同前去了，好好在家照看儿孙吧！"

王氏夫人出生于将门，父兄都是武官，受到家庭熏陶，自幼就颇具胆略。冯子材任广西提督时，因原配夫人病殁，遂继娶王氏夫人。多年来，王氏夫人都跟着冯子材住在柳州的提督衙门，侍奉丈夫，训育儿女。这次，冯子材不让她随军前往，她就预感到军情险恶，吉凶难卜，于是含泪对冯子材说："夫君此去千万保重，妾身日夕倚门盼望凯音！"

冯子材又唤过大儿子冯相猷说："冯家从未出过读书人，你学业初成，还要努力上进，以光大门楣！"和父亲及两个弟弟相比，冯相猷显得文弱腼腆，他一迭声地应道："孩儿遵命！"

冯子材抬头望望新宅粗大的屋梁，还散发出桐油香气的雕刻门窗，以及挤满堂下的家人，心里感到阵阵温馨：从一个穷苦的光棍汉到组成这样大的家庭是多么不易呀！想到这里，他面向全家，提高声调说："法寇船坚炮利，猖獗已极，肆逞凶暴，屡败我军。此去广西边关，不灭法寇，誓不生还，唯有以死报国！万一军有不利，法寇长驱直入，百粤非复我有，你等一闻凶耗，即宜急迁江南躲避，永为中国民人！千万不能恋家不去，腆颜事敌，为外夷奴使，有玷我冯氏门楣！"

冯子材的话未说完，王氏夫人及一应女眷，已忍不住失声痛哭，只有冯相猷强忍眼泪答道："孩儿晓得！"

吩咐家事已毕，冯子材带同冯相荣、冯相华出到门外，跨上早已备好的战马，飞快地向钦州城奔驰而去，在那里，萃军的先头部队五千人早已整装待发，只等冯子材的命令了。

第三章

关上，怎一个惨字了得

从钦州到广西关外并无直通大道，只能绕越上思等州县前往，其中大路小径，迂回曲折，翻山越岭，涉溪渡河，十分难行。萃军将士晓行夜宿，费了两个余月的时间，直到光绪十一年正月中旬，方行抵龙州附近。按照原订计划，萃军到达龙州后，一面原地休整，一面等候命令开拔前线。但是，还在途中，冯子材就连续接到督办关外军务的广西巡抚潘鼎新的羽书飞檄，一会儿命令萃军从爱店隘绕出那阳，充实楚军王德榜部的后路；一会又命令急赴南关，救援谅山前敌；最后又指示暂扎龙州待命。这样朝令夕改，一日三变，弄得冯子材无可适从，不过，他还是从中感到了军情的严重危迫。

这天，萃军大队行至离龙州还有一站路的地方，因天色已晚，遂歇下宿营。冯子材一是担心前线战况，一是想安顿好龙州的宿营地，因而在晚饭过后，顾不上歇息，便带上一队亲兵，连夜赶赴龙州。

龙州是个小城镇，只有稀稀落落的数百间低矮的茅屋泥舍，即使是龙州厅同知衙门，也只是一间狭窄的平房。但令冯子材一

行惊异的是，当他们于午夜时分走进镇子时，尽管急骤的马蹄踏在夜深人静的石板路上，发出了清脆响亮的声音，引得四周的群犬一阵阵吠叫，却不见有人出来观看或迎接，甚至看不到一点点灯光，只是在朦胧的夜色中，隐隐约约可以看到每座房屋的门楣上，都挂有一条表示办丧事的白布条，给沉静的小镇带来了一种凄惨的气氛。"出了什么事啦？"每个人的心头都浮起了这样的无声疑问。直至走到镇子的另一头，大家才找到了答案：只见在一块宽阔的空地上，密密麻麻地停着用白布覆盖的尸体，一眼望去，约有上千具。在空地中间，用竹子新搭了一个宽大的灵棚，正中灵桌上一个斗大的"奠"字，被周围的烛光灯火映照得分外显眼。灵棚内外，到处是黑压压的人头簇拥在尸体周围，这些人中有穿军服的军人，也有穿着长褂短衣的百姓，中间还夹杂了许多女人和小孩。一阵阵压低了的哽咽声伴随着越来越浓的尸臭，在夜空中飘荡着。这种情景使一些当兵不久的军士心头掠过阵阵凉意，身上不由得生起鸡皮疙瘩。

　　冯子材戎马半生，这种场面见得多了，但还是有种不祥的预感涌上心头。他策马驰至灵棚前，翻身下马，把缰绳交给身后的亲兵，就大踏步地向灵棚走去。守灵的人个个都已哭得昏天黑地，两眼红肿，看到有人进来，以为也像白天那些川流不息前来祭拜

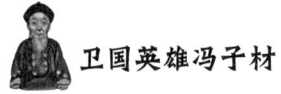

的人那样，因而也不大在意。只有一直跪伏在灵前的一个身穿重孝的孝子抬起头来，准备招呼答礼，一见到冯子材，不由得惊奇地连连几次擦拭哭得昏花了的泪眼，才确信自己没有认错人地大叫起来："冯伯父，您是从天上掉下来的吗？"

孝子的叫声惊动了在旁边默默垂泣的将官，他们赶快站起来，借着烛光认清了冯子材，就行起下属参拜上司的大礼："见过冯大人！"

冯子材这时也认出面前的这个孝子是杨玉科的儿子杨汝翼；而白脸长身，胳臂上缠着绷带的将官是杨玉科的副手、记名提督方友升；另一个身板壮实的将官则是杨玉科手下的骁将、官至记名总兵的蒋宗汉，不由得心中一惊，脱口问道："难道云阶军门……"

听到他的问话，杨汝翼泪如泉涌，号啕痛哭起来："冯伯父，先父为国捐躯了！"

方友升和蒋宗汉也沉痛地说："冯大人，杨军门在昨天的文渊一战中，被法炮击中阵亡了！"

杨玉科，字云阶，云南回族人。行伍出身，骁勇善战，积功官至广东陆路提督，后因事被参革。冯子材任广西提督时，杨玉科曾任广西右江镇总兵，算是冯子材帐下的大将，两人意气相投，感情融洽，过从甚密，私交很好，所以冯子材也与杨汝翼、方友升、蒋宗汉等人相识。这次赴边关作战，冯子材从彭玉麟处得知，在中法衅起后，杨玉科被潘鼎新指调，率广武军十一营前赴关外作战，因而曾希望萃军到关外后，与广武军合作，共商歼敌大计。这时骤闻噩耗，有点不大相信自己的耳朵，连连追问三人："这是怎么回事？这是怎么回事？"

杨汝翼等三人强忍悲痛，边哭边诉，向冯子材叙述杨玉科战死的经过：正月初九日，攻占谅山的法军，挟战胜的余威，倾巢而出，直逼镇南关。当时，桂军新败，伤亡惨重，已无力再战，恰巧驻守在观音桥的杨玉科率广武军闻警来援，见形势危急，就主动向潘鼎新请战，开赴文渊设阵拒敌。

文渊是越南的一个州城，距镇南关仅有四里，距谅山十四里。州城建在一个山坡上，只有百十户人家，住屋尽是些简陋的茅屋竹舍。杨玉科率领广武军来到那里，还未来得及构筑工事，法军已如潮水般冲杀过来，杨玉科赶忙和诸将分头迎敌。

激战中，记名提督余洪胜、副将周开泰、游击刘映丰、周志刚、潘耀东等二十二员将弁先后阵亡，记名提督方友升手被枪伤，记名提督徐联魁被炮重伤，阵地大半被法炮轰毁，情势十分危急。但杨玉科却无丝毫畏惧，依然奋不顾身地策马往来，亲督将士抵

挡敌军。不料正酣战间，忽然一颗炮弹在脚下爆炸，杨玉科的两腿被炸断，血流如注，等左右赶来救护时，杨玉科自知不行了，对左右说："我一死不足报国，你们仍要努力同心，痛歼逆夷，为国家早日除去祸患，我虽死眼睛也能闭上了！"说完气绝，左右赶忙将尸首抢回来。这一次，广武军阵亡将弁二十余员，士卒近千人，龙州百姓感于杨玉科和广武军将士的忠义，自动跑来哭灵，以致全镇为之一空。说着，杨汝翼还引冯子材来到杨玉科的尸床前，掀起白布，让冯子材最后看一眼杨玉科的遗容：只见杨玉科面貌宛如生前，仍是一副怒目突眼、死不瞑目的样子，只是由于失血而显得干瘪苍白。至于膝盖以下部位已被法炮炸飞，只剩下半截身子了。

看到杨玉科的这副惨状，冯子材不由得肝胆俱裂，热泪盈眶。他心情沉重地点燃了一把香烛插在杨玉科的灵前，并向遗体行了礼。他一面回想杨玉科的音容笑貌，一面在心中默默地祷告："云阶军门，萃亭一定要用法虏的鲜血来祭奠你的忠魂！"

安排好萃军将士在龙州的宿营地后，冯子材略事休息，待到天色破晓，便带上几名亲兵，策马扬鞭，奔向距龙州四十里的海村，会晤驻扎在那里的督办广西关外军务潘鼎新和帮办广西关外军务的广西提督苏元春。

潘鼎新，字琴轩，安徽合肥人，年已五十多岁。他虽任文职，却是行伍出身，是李鸿章创办淮军时的早期得力将领之一。因功历擢云南巡抚、湖南巡抚。北宁惨败后，他临危受命，出任广西巡抚，为整顿溃军、加强边防做了不少事情。但因不服水土，半年来一直疾病缠身，加上近日来桂军迭遭败挫，损兵折将，自己也在初九日的作战中左肘受伤，所以显得精神困顿，面容憔悴，一副衰颓的样子。

苏元春，字子熙，广西蒙山人，是个四十余岁的中年人。他少年投军，积功官至记名提督，原驻防湖南，潘鼎新从湖南巡抚调任广西巡抚时，将他所率毅新军指调来广西关外作战。半年来，他率领的军队一直作为主力，与法军反复鏖战，被潘鼎新破格拔擢为广西提督、帮办军务，在军中的地位仅次于潘鼎新。他生得躯干雄硕，相貌堂堂，因为正处在建功立业的上升时期，所以虽然迭遭败挫，仍斗志不减，英气逼人。

三人乍一见面，潘鼎新未及寒暄，就吩咐左右备香案，让冯子材接旨。原来朝廷有旨，授予冯子材帮办广西军务的名义，使他与苏元春一样，成了辅佐潘鼎新的副手。接旨后，三人才分宾主坐下。潘鼎新原来兴致蛮高，但在慰问冯子材时，得知萃军大部分是新募而成，枪械既劣又少，特别是缺乏攻敌利器——新式

的西洋大炮后，态度就渐渐冷淡下来，以关切的口吻对冯子材说：

"萃军远道而来，将士劳顿，是否先在龙州休整一段时间再说？"

"休整？"冯子材一听，急得几乎要从座位上蹦起来，大声说：

"法寇肆虐，兵民受害，这不是萃军休整的时候，还望督办大人允许卑职率军驻扎前敌。"

"这个……"潘鼎新感到有点为难了，他对萃军的战斗力并没有多大信心，看不出让这样一支军队驻扎前敌有什么好处，但又不能把话挑明，只得求援似的转向苏元春。

虽然，论起职衔来说，苏元春是个实授提督，比冯子材的卸任提督为高，而且当帮办军务也较冯子材为早，因而地位稍高于冯子材，但不知怎的，在这个声名赫赫的白发老将军面前，他仍感到像后生小辈一样拘谨，所以虽然秉承潘鼎新的旨意说话，语气却委婉了许多："我军新挫，士气未复，恐难马上作战，老前辈还是率军先驻龙州……"

"不行！"冯子材斩钉截铁地说："萃军千里迢迢兼程赶来，为的是杀敌报国。如今大敌当前，萃军不扎前敌，却驻在后路休整，将士们恐亦不愿，因此，不管有战无战，萃军均愿扎前敌！"

潘鼎新感到肘上的枪伤隐隐作痛，精神也有点支持不住了，他望了望冯子材倔强的神情，摆了摆手说："朝廷已有旨令鲍超鲍军门从云南率霆军百营赶来会合，战与不战，且待鲍军门到后再议。至于萃军欲扎前敌，你们二人商量着办吧！"说完，便端茶送客。

从督办辕门出来，苏元春殷勤地招呼冯子材："老前辈，且过敝处一叙如何？"

冯子材点点头："闻说庆余将军作战受伤，我正想去探望他呢！"陈嘉字庆余，广西荔浦人，是冯子材以前的旧识，他是苏元春部下的先锋大将，官至记名提督，不久前，在谅山一役中作战负伤，冯子材闻知后，正惦记着呢。

一路上，两人并辔缓行，冯子材向苏元春大略地了解桂军这半年来的作战情况：

潘鼎新奉调广西后，同时从贵州、湖南、安徽、湖北、江西等省指调了苏元春、杨玉科、潘鼎立、魏纲等各省生力军一万余人，赶赴广西关外作战，又将赴越桂军整顿缩编为二十余营，从中拔擢了原来不被重用的总兵董履高、副将马盛治、黄玉贤等将，加上原来派赴广西助战的前福建布政使王德榜所部楚军十二营，共有兵力六七十营，约三万人。

闰五月初，桂军在观音桥一战获捷，使得在北宁挫败后弥漫军中的怯敌沮丧情绪一扫而空，士气逐渐恢复，求战呼声日高。

七月间，当朝廷下令云南、广东、广西三省"战越牵敌"时，潘鼎新不顾桂军仍存在着准备不足等困难，毅然挥师入越，与法军反复鏖战。八月，方友升率广武军在郎甲迎敌败绩，苏元春所部在船头先胜后败。十一月，王德榜率军在车里与法军主力遭遇，力战两天后，楚军因伤亡过重而败退。十二月，法军出动两个旅团的兵力，直扑苏元春所部驻守的谅山一线，激战数天后，毅新军焚毁谅山后败退。正月，法军来犯文渊和镇南关，杨玉科和苏元春两部迎敌，均遭败挫。但是，这时的桂军已不同于北宁战败后溃不成军的情景了，而是屡败屡战，士气相当旺盛，从而以自己的重大牺牲为代价，拖住了法军的主力，使法军不能及时分兵增援企图夺踞台湾和北扰直隶的孤拔舰队，有力地支援了东南沿海的抗法斗争。

"将士劳苦功高哇！"冯子材听着，忍不住由衷地赞叹了一句。接着，他向苏元春提出了一个他最为关切的问题："那么，我军遭挫的原因何在呢？"

"这正是我和琴帅这几天商议的事情。"苏元春在马上挺直了腰杆，两眼直视前方，思绪似乎又飞回那战火纷飞的疆场。"首先是法军势大，人多械利，特别是新式的西洋大炮火力太猛，我军千辛万苦筑成的土木堡垒根本不堪一击，以致琴帅曾电奏朝廷，谓法兵一人可当我兵五人。二是我军谍报不准，不知法军由何处来攻，只得分兵把口，将数万人分成几路，结果兵分力单，反被法军各个击破。三是我军不能互相援应，协调作战。一军被困，他军虽近在百里之内，却三五天也不能驰援赶到。四是我军训练不精，械劣饷乏，很难与法相敌……"

冯子材紧紧地盯住扳着指头侃侃而谈的苏元春，如饥似渴地把他的话一字不漏地记进脑中。多年的戎马生涯，使冯子材深信"知己知彼，百战不殆"的古训。要想在未来的战斗中打败凶狠猖獗的法军，就必须好好吸取和借鉴他人用鲜血和生命换回来的经验教训，以便自己扬长避短，克敌制胜。

苏元春所部驻在海村外的一座小山上，走近那里，首先映入眼帘的是几座用黄土仓促堆起的巨大坟冢，这就是所谓的"万人冢"，突起的坟头上插满了一根根的招魂幡，像传说中的无常鬼的衣带似的在微风中无助地摇曳，给四周增添了阴森的鬼气。进得营内，只见丢盔弃甲的官兵衣冠不整，垂头丧气地散居在用竹木茅草搭在潮湿泥地上的简易帐篷中：有些在睡觉，有些在缝补破烂衣服，有的三三两两地聚在一起赌钱，更有些官兵坐在帐篷外晒太阳，两眼失神地注视着渺茫的远方，即使有人从身旁走过，他们却像浑然不觉，连眼珠子也不转一下；一些缺胳膊少腿的伤兵，

草草包扎的伤口仍然血迹斑斑，不是在长吁短叹地呻吟就是在呼天抢地地哭喊悲号。

看到这些颓丧的情景，冯子材不满地向苏元春瞥了一眼，苏元春只报以无可奈何的苦笑，心情沉重地领着冯子材向陈嘉的营帐走去。

陈嘉的年纪与苏元春相仿，生得豹头环眼，剽悍精干。他骁勇善战，因为有一只眼受伤失明，所以被人称为"单眼虎"。这时，他正脱掉上衣，让随军医士给他换药。听到苏元春等人到来，慌忙抓过衣服披上，就要赶出来迎接。苏元春连忙大步跨进帐内，上前按住他，不让他起来，嘴里说道："庆余，新任帮办冯军门看你来了！"

陈嘉挣扎着起来向冯子材行礼说："末将伤病在身，有失远迎，还望帮办大人恕罪！"

冯子材一眼望去，发现陈嘉未被上衣盖严的身躯上，伤痕累累，宛如一座粗糙的雕像。然而，陈嘉虽然面色苍白，眼睛却仍炯炯有神，并无受挫后常见的那种沮丧畏怯的神态。冯子材对这员虎将又敬又爱，关切地问："伤好了没有？"

"没事！"陈嘉爽朗地笑道，"擦破了几块皮，不过当是被蚊子叮了几口，不碍事。只是在谅山一战中，法虏的一颗炮弹在我身旁爆炸，气浪把我推倒在地，被亲兵抢救回来后，一直头晕目眩，不能视事，躺了十多天，现在差不多好利索了！"

"法虏的炮火就那么厉害？"冯子材半信半疑地问。

"可不！"陈嘉说，"每次开战，法虏都先用大炮狂轰滥炸，把我军营垒轰毁，大量杀伤军兵，然后才令法兵蜂拥冲来。我军尚未从轰炸中醒过神来，法虏已经冲到面前，所以吃亏不少。"

"如果我军能够避过炮火，法虏是否就不足为患了呢？"冯子材试探地提出在他心中思考已久的一个问题。

"对！对！"陈嘉连连点头，"如果帮办大人能够想出妙法避过法虏的炮火，下次交战，末将仍请当先锋，不报前仇，誓不罢休！"

从海村回到龙州驻地，冯子材见到了他盼望已久的勤军统领、广西右江镇总兵王孝祺。按照两广总督张之洞和钦差大臣彭玉麟的部署，王孝祺所率勤军八营四千人统归冯子材调遣，差不多等于是萃军的一半，所以冯子材早已想见到这支军队。但萃军是取道陆路援桂，从钦州经上思直趋龙州；勤军则是走水路，从广州乘船经梧州，再上航南宁，才改走陆路到龙州。由于行程参差，水陆异途，所以这两支军队延至此时才能会合。

王孝祺，字福臣，安徽人。他自幼投入淮军，一直隶属张树声麾下，由于长期充当偏裨之将，所以战功不很显著，只是跟随

张树声来到两广后，才靠熬年资当上个实缺总兵，但仍驻防广东。据说，在张树声失势后，对淮军怀有派系成见的彭玉麟，有一次在阅兵时看到身材高大的王孝祺骑在骏马上威风凛凛的样子，很不以为然地对亲信轻声讥讽这个无名将军说："王福臣不是战马，而是一匹看马。"言下之意，是说王孝祺只能摆样子给人看，却不能真正上阵作战。这话传回到王孝祺耳朵，几乎把他气死，但又无可奈何，只得发誓有机会打几个好仗来给人们看看，以洗脱这一耻辱。这次赴桂援剿，一是愤于法军的猖獗，急于杀敌立功，变"看马"为"战马"。二是由于老上司张树声已落职失势，郁郁而终，自己的靠山已倒，前程难保，需要及早另找出路。所以，闻知张之洞与彭玉麟筹划遣将赴援时，他就积极请战，要求率军前往。一路上，他陆陆续续地听闻法军在我国东南沿海及越南北圻作恶的情况，早已义愤填膺，怒火蒸腾。到达龙州后，又亲闻杨玉科为国捐躯的壮举，更是杀敌心切。他虽然与冯子材是初次相识，但对冯子材倾慕已久，心生敬意，所以执礼甚恭。

冯子材在王孝祺的陪同下检阅了勤军，虽然经过长途跋涉，勤军将士不免带有旅途劳顿之色，但他们久经训练，所以军容齐整，枪炮精利，这是新募成军的萃军所不能相比的。多得了这样一支生力军，冯子材心里也很高兴，有一种如虎添翼的感觉，加上王孝祺求战心切，忠勇情热，更合冯子材的心意。兴奋之下，冯子材就详细地向王孝祺转述了他从苏元春那里听来的情况，并谈了自己对未来战事的初步设想。一是筑坚垒以避敌炮，二是集中优势兵力作战，三是调动敌人而不为敌人所调动。勤军的到来及苏元春、陈嘉等将领的报国热情，使他对集中兵力作战有了信心。最后，他沉思道："现在，最重要的是选择一个适当的地方做战场了！这要到前敌去踏勘后才能决定。"

"卑职愿随帮办大人前往！"王孝祺说。

说干就干，翌日，冯子材、王孝祺等一行，带上亲兵，顺着从凭祥到镇南关的四十里长谷，缓缓踏勘而去。将近中午，他们进入离镇南关约十里的关前隘地方，冯子材不觉眼前一亮，怦然心动，觉得这里的地形奇特险要，中间是一条宽不到两丈的狭窄土路，两边高山夹峙。西边的山名叫凤尾山，东边的山叫大青山，都有二三十丈高，山上云雾缭绕，树木繁茂。凤尾山向南逐渐倾斜，低到接近平地的地方叫龙门关，与镇南关西边峡口的右辅山遥遥相对。大青山向南倾斜，连接由五个小山峰组成小青山，小青山再向南延伸，与镇南关东边的马鞍山相连。东西两边的高山还伸延出一些低矮的丘陵，横七竖八地起伏着，成为关前隘的一道道屏障，称为横坡岭。东西高岭之间是一个狭长的山谷，宽二三里，

长四五里，到处是未开垦的荒地，藤萝蔓生，八角树长满了整个山谷，只有几户山民零零落落地散居其间。小青山和凤尾山从东西两面各伸下一条横岗，互相连接，横截山谷，形成一个山隘，叫作隘口。冯子材勒缰驻马，用千里镜四处窥看，久久不愿离去，一面口中喃喃自语："好地方！好地方！"

看完关前隘的地形，他们继续策马前进，很快就来到镇南关上。乍一望去，他们都不禁惊呆了：在正月初九日，占据谅山的法军，先后击退杨玉科和苏元春两军的抵抗后，挥师冲进镇南关，并在那里停驻了两天。他们将清军存留在那里的大炮、机枪、炮弹和一些有用的军用物资作为战利品运回谅山，却将他们看不上眼的旧式步枪和型号众多的各式枪弹堆拢一起，架火烧毁。临撤退时，法军的工兵还用炸药炸毁关楼两旁山上的清军营垒，放火烧掉清军原来的营房帐篷，连古色古香的镇南关楼也被毁于一炬，只剩下几栋烧得焦黑的残垣断壁，凄惨地面对青天白云，在无言地控诉着法军的罪恶。敌酋尼格里还叫人在关楼的废墟上树起一面刨得光滑洁净的大木牌，上面用浓黑的墨水写着二十几个歪歪扭扭的中文大字："尊重条约较以边境门关保护国家更为安全，广西的门户已不再存在。"张牙舞爪地向人们示威。

看到关上的惨象，冯子材心如刀割，怒火中烧，恍惚间，他觉得法军烧的不但是关楼，而且烧的是龙州的民房、钦州的新宅、大清国的龙旗。读完木牌上的留字，他感到一阵热血上涌，牙齿咬得格格作响：这太伤中国军队的自尊心了！他不由得抬起眼，望着远处依稀可辨的文渊州，那里影影绰绰地可以看到穿着法兵军服的人影在晃动，不由两眼喷出怒火，恶狠狠地骂道："总有一天，要叫你们尝尝中国军队的厉害！"站在他身边的王孝祺早已忍不住了，他脸皮紧绷，面上肌肉不住抽搐，大步走近木牌，抬起右脚狠狠地踢去，口里还骂着："妈的，我叫你猖狂……"

"慢着！"冯子材一声大喝，使得王孝祺在半空中硬生生地收住了脚，他回过头来，诧异地望着冯子材，张口想问，但终于忍住了。

只见冯子材回头向亲兵吩咐了一句："笔墨伺候！"便抽出腰间的佩剑，紧绷着脸走近木牌，挥剑熟练地砍削起来。只见一道耀眼的剑光闪过，木牌被削下薄薄的一块木片，一个黑字被削掉了。就这样，随着冯子材手中佩剑的上下挥动，一会儿工夫，法军留在木牌上的二十几个大字已变成一堆碎屑，撒落地上，木牌又变得光滑洁净了。冯子材收起佩剑，伸手接过亲兵递来的笔墨，侧头凝视着木牌，沉思片刻，就提笔蘸饱了墨水，在木牌上刷刷地写下十七个拳头大的黑字："我们将用法国人的头颅，重建我

们的门户！"他写字时的手劲那样大，以致整块大木牌都颤抖似的晃动起来。

"好！痛快！"王孝祺首先拍掌叫好，他的声音那么响亮，带着一股怒火发泄后的痛快。接着，他余恨未消地对冯子材说："大帅，是不是在这里与法虏打上一仗，给点颜色他们看看，也让他们知道中国军队不是好欺负的？"

冯子材环视一下镇南关四周的形势，摇摇头说："这里的地形狭隘，容不下千军万马，如果在关门层层设防，高壁深垒，则只能拒敌于关外，相互对峙，不能大量杀伤法虏，难报不共戴天之仇。如果放敌入关，聚而歼之，则我军又无立足之地，难以聚兵设围，所以，这里不算是作战的好地方。"

"那么，应该将战场选在哪里呢？"

"我们还是回关前隘去细细踏勘一下吧，我倒是对那里感兴趣！"说完，冯子材朝亲兵招了招手，亲兵会意地牵过坐骑，准备侍候冯子材上马。

"冯大人，等一等！"突然，从东面的山头上传来一声洪亮的喊声，众人抬头望去，只见一个人影从上面敏捷地飞跑下来，一会儿工夫，就气喘吁吁地跑到众人面前：这是一个山民打扮的中年汉子，他右肩扛着一杆猎枪，左肩挽着一个用红绸带装饰的装火药的牛角，手中牵着一只精瘦的猎狗，高挽着的裤脚下露出一双长满了厚茧的大脚，长满络腮胡子的黑红脸膛上，生着一双高明的猎手才有的明亮眼睛。看着众人惊奇的眼光，他爽朗地对着冯子材大叫起来："冯大人，您不记得我啦，我是蒙大呀！"

"啊，你就是蒙大！"冯子材已经认出，这个人就是他从前三次率军入越剿捕时的得力向导、家住镇南关附近的有名猎手蒙大。蒙大熟悉越南的地形道路、风土人情以及语言，在那几年里，冯子材常就剿捕遇到的问题征询他的看法，两人的关系融洽得很。

"这几天听人说冯大人要带兵来打法鬼，我就日日盼，夜夜盼。今天你们一进关前隘，我就认出来了，于是抄近路紧赶慢赶，这才赶上你们，总算是见面了。"秉性憨直的蒙大掩饰不住自己的满心喜悦，高兴地连连说道。

"你家住在哪里，怎么能看得见我们？"蒙大的话引起了冯子材的注意，因为在他的印象中，蒙大是住在附近一个村子里，照理是看不见关前隘的动静的。

蒙大似乎也看出冯子材的疑惑，于是解释说："法鬼进关后，到我们村里烧杀掳掠，我的住屋全被烧掉了，只得搬到小青山上。"蒙大回过身来，指点着云遮雾罩中隐约可见的山头说。

"隔那么远都能看清我们，你的目光可真够锐利的！"冯子材

看了一会儿小青山，然后由衷地称赞蒙大说。

"猎手嘛，没有好的眼力哪行！"蒙大有点自豪地说。

冯子材又是心中一动，接口说："我们正要到四处走走，不如就先去拜访你家？"

蒙大受宠若惊，有点不好意思地说："山居贫寒，恐怕招呼不周。"

"哪有那么多的客气话。"冯子材截住他的话头说："倒是我们无端打扰，于心不安哪！"

蒙大的新家就在小青山第三峰上的一个山坳里，只有两间匆忙搭就的茅屋，里面除了一些石床石桌石凳，以及满屋挂着的腊干野味外，连替换的衣服也不多一件，真可谓家无长物，贫寒至极。蒙大的妻子和两个女儿，也是蓬头垢面，鹑衣百结，一见大伙官兵进屋，吓得忙往后屋里躲。看到这种情景，冯子材不无歉意地对蒙大说："官兵没有守好国门，让你们受苦了！"

蒙大似乎又沉浸到那可怕的回忆中："法鬼也真太凶了，他们来到村口，先架起大炮一阵乱轰，炸得乡亲们死的死，逃的逃，跑得全村一空后，他们才大摇大摆地进来抢东西，烧房子，糟蹋个够才走。当时，我只顾抱着两个女儿，拉着妻子往山上逃命，家里的东西一点也没拿出来。"

冯子材又像想起什么似的问："法鬼对你们都这样残暴，越南百姓当了亡国奴，日子就更难过了。"

"可不是！"蒙大愤愤地说，"这几天，我偷偷地去了文渊、谅山，看到那里的官府都被法鬼换上他们相信的人，原来的官员不是被杀，就是被关起来，有的起来反抗，被法鬼抓住了，还被剖腹挖心，悬尸示众呢！现在法鬼把越南的仓库也管起来，财税也管起来，粮米也管起来，老百姓都不知道怎样才能活下去。"

蒙大的话引起了冯子材的兴趣，他问道："越南官民中反法的多不多？"

蒙大用肯定的语气回答："多，怎么不多？高谅的梁俊秀有兵六营，谅山布政使黄廷金聚集义民，成立忠、孝、仁、义、礼五大团，共二万余人，都在明里暗里与法鬼作战，只不过他们枪少饷缺，打不过法鬼罢了！"

冯子材听得很用心："你经常见到他们吗？"

"经常见到！"蒙大说，"我的几个越南亲戚都在那里当兵，怎么会见不到。"

"那你以后能否帮我联络他们？"冯子材问。

"能。"蒙大说，"前两天我过去看他们，他们听说冯大人要来打法鬼，正求我和您联络呢。希望大家齐心协力，打跑法鬼！"

"好，这事就拜托你了。"冯子材郑重地说，并唤过亲兵拿出十几两银子交给蒙大："这些银子你先拿着用，这几天你也不用打猎了，帮我到那边跑跑，多打探一下法鬼的情况，并与黄廷金、梁俊秀等人接上头，叫他们派人过来找我。"

蒙大捧着银子，一时也不知说什么好，只是一个劲地点头。这时，他瞥见妻女从后屋怯生生地伸头窥探，就大喝一声："看什么，还不快烧水备饭，招呼冯大人！"

看到蒙大一家手忙脚乱地烧水备饭，冯子材在屋里待了一会儿，便向王孝祺使了个眼色，王孝祺会意，两人就一前一后地向屋外走去。出得屋来，再向上走了一会儿，便已上到峰顶，从这里往下俯视，山岭、丘陵、谷地、隘口，如画如绘，历历在目，给人一种心旷神怡、飘飘欲仙的感觉。这时，在冯子材心中酝酿已久的方案逐渐清晰起来，他情不自禁地拉过王孝祺，指点着关前隘的一带地形，兴奋地说："这不是一个设伏的好战场吗？我们可以在隘口修一道坚固的长墙，蜿蜒连接东岭和西岭，由正兵驻守长墙，放两支奇兵在东、西岭，互相呼应，彼此救援。横坡岭一带还可设置一两营人，放法虏入关后，节节狙击，挫其锐气，阻其进军，待其疲竭，再由长墙大军出击歼敌。在长墙后面可开阔来路，接连凭祥，以便友军驰援。这样，既有长墙可挡敌炮，又有千军万马以备调遣，不就可以扬长避短，大量杀伤敌人，报仇雪恨了吗？”

冯子材的情绪感染了王孝祺，他的目光随着冯子材的手指移动，不住地点头表示赞同。等冯子材的话音停下来，他便加以补充说：“东边的油隘不是还有王藩司的楚军吗？还可以在西边的扣波放上一支军队，待法虏入关，仰攻长墙时，这两支军队可以从后包抄，首尾合围，打他个措手不及。”

冯子材被王孝祺提醒，遥望着油隘方向说：“油隘距此不远。待会儿可前去会会王藩司。”

油隘距镇南关有三十余里，冯子材一行赶到时，已是入夜时分。王德榜是个红脸汉子，正独自一人在帐中喝闷酒，桌上盘倾盏倒，一片狼藉，闻报冯子材等到来，慌忙踉跄着脚步赶出来迎接。

王德榜，字朗青，湖南江华人。湘军左宗棠部下骁将，英勇善战，积功擢升为福建布政使，赐头品秩，以丁母忧去职。光绪九年，左宗棠欲赴广西抗法，因误信黑旗军首领刘永福为王德榜旧部的讹言，遂命王德榜募军十二营先行入桂。王德榜于光绪十年二月率军赶到龙州，恰逢北宁战败，当时，朝廷有意让他署理广西提督，他却因左宗棠已调福建督办军务，因而也不愿再留广西，遂推辞不就，并请求撤军离桂，却不获准。待到六七月间，天气渐热，

瘴疠大作，他所部军士大多不服水土而染病患疾，死亡近两千人，元气大伤。无奈，只得请求另行招募合成十二营六千人之数。待到募成并稍加训练之后，已是十月以后的事了。这时其他各军出关作战已久，唯独楚军迟迟不能成行，朝廷当然极为不满。在多方催促下，王德榜于十一月率军出关，在丰谷遭遇法军主力，虽顽强力战，终以伤折千余将士而败。而主帅潘鼎新出于湘淮派系之见，不唯不加体恤，反而奏报朝廷，指责王德榜"平时贪刻骄忮，有取败之道"。弄得王德榜声名狼藉，一无是处，所以情绪一直很坏。

冯子材初来乍到，并不了解其中内情，乍一见王德榜的颓唐样子，不禁大吃一惊："朗青将军，何至如此？"

冯子材的话触动了王德榜的心事，他满脸愁容，含泪欲滴说："帮办大人，卑职厄运临头了！"

冯子材忙问："此话怎讲？"

王德傍说："琴帅因谅山、南关惨败，诿过卑职，奏称'王德榜坐拥十二营，飞催不至，掣肘万分，以至于败'。卑职百口莫辩。如天威震怒，卑职将死无葬身之地。"

冯子材悚然："真有如此事情？"

王德榜愤愤然地从桌里拿出几封潘鼎新的手令，递给冯子材说："当法虏进攻谅山时，二十三四等日，连奉琴帅札调敝军由那阳回顾谅山，二十五日连奉飞函饬扎距谅山三十里之牛墟。而飞函又来，以冯军有八营相助，不必敝军前往，如谅山有警，可乘虚直捣船头，以牵制敌势。等敝军于二十九日行至禄州，是日谅山已失。这时又奉张香帅谕令回守东路，直至正月十一日，才接到琴帅谕令，饬拔队回援南关，遂于十二日率军前往，未至而闻南关于初九日不守。从敝军驻地至南关，计程二百余里，琴帅事前既不调敝军前往助守，临敌又不能坚守以待援，事后复不能会合诸军反击，而徒诿过于人，问心岂能无愧？"

冯子材一面认真听着王德榜的申诉，一面细细阅看手上的几份手令，发现与王德榜讲的相符。等王德榜说完，他就脸色严肃地说："既然其中有如此曲折，日后如朝廷责问下来，我当尽力为你申辩！"

王德榜十分感激，连忙起来向冯子材作揖道谢："谢过帮办大人恩典！"

"谢什么，"冯子材赶忙拦住王德榜，却指着桌上的一堆杂物说："现在大敌当前，正是我辈武夫为国出力的时候，朗青将军却夜夜酣歌醉酒，似不相宜吧！"

王德榜面有愧色，长叹一声说："卑职忍辱偷生，恨不能战

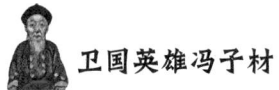

死疆场，以身殉国，总强如这样苟且度日啊。"

冯子材正色说："疆场之事，以胜负分功过，战胜则无过，挫败则无功，万望将军振作，合力打一个胜仗，以洗雪前耻。"

王德榜听出冯子材话中有话，敏感地睁大眼睛瞪着冯子材说："帮办大人是否已有破敌妙计？只要有用得着卑职之处，赴汤蹈火，万死不辞！"

冯子材点点头："朗青将军还有这个志气就好！"接着，就把准备在关前隘设阵的想法，大略地向王德榜讲了一下。"到时，还要朗青将军助一臂之力！"

王德榜应道："只要能打败法虏，卑职敢效前驱！"

踏勘回来，冯子材和王孝祺召来萃、勤两军将弁，讨论移驻关前隘的方案。按照王孝祺的意见，勤军兵强马壮，枪炮精利，应该担负防守长墙，正面击敌的重任；而萃军新募而成，枪械窳劣，可以作为奇兵设置在东西两岭，与长墙配合作战。冯子材虽然为王孝祺的杀敌热情所感动，也认为他的意见不无可取，但考虑到萃军分驻东西岭后，难以联络，不能协调行动。而冯子材身为主师，不但要指挥萃、勤二军，而且还要协调来援各军，如偏处一隅，行动也多有不便。最后议定：由萃军驻防长墙和东岭，勤军分扎西岭，三方均听冯子材将令，统一行动，互相援应。商议既定，冯子材命都启模等将商议结果写成条陈，准备禀报潘鼎新施行。正忙着，一个亲兵领着潘鼎新的信使进来，说是有紧急军情，要马上召集诸将商讨。于是，冯子材带上王孝祺，匆匆上马朝海村驰去。

海村的督办行辕已是翎顶辉煌，济济一堂，除了已和冯子材见过面的苏元春、方友升、蒋宗汉、王德榜等人外，还有冯子材初次相晤、负责关外各军后勤转运事宜的广西按察使李秉衡，鄂军统领、湖北候补道魏纲，桂军分统、记名总兵马盛治、陈桂林等，他们都以部属和后辈的身份，对冯子材十分尊敬，冯子材也一一和他们亲切招呼。

也许是休息了几天的缘故，潘鼎新的脸色已经没有以前那样憔悴，但依然神态凝重，不苟言笑，像有什么重大事情发生的样子。看到人齐了，他清了清嗓子，环视着诸将，缓缓地开口说："据探员禀称，法虏有进兵艽葑，偷袭龙州后路的动向，本部院今天召来诸位，就是要商量如何分兵迎敌事宜。"说完，站在他身后的一个幕僚便拿着手中的一叠探报，高声朗读起来，这些探报有的是清军派出的探子的报告，有的是边境居民百姓的证言，也有的是越南抗法义民主动送来的情报，大意是说法军近日来频频派出小部队到镇南关以西三十里的扣波和扣波西北一百余里的艽葑，

准备从芤葑顺河而下，绕袭龙州后路，再从背后攻打镇南关沿线各军。待幕僚读完，潘鼎新看了看正襟危坐的诸将，问道："诸位看看，这些情报准确与否？如果分兵迎敌，又如何分法？"

潘鼎新的话音刚落，苏元春便大声道："卑职愿率军前往芤葑迎敌！"

有他开了头，接着，方友升、蒋宗汉、魏纲、陈桂林等将也纷纷发言，表示愿意跟随苏元春前往芤葑抵敌。

潘鼎新瞥了一眼一直沉默不语的冯子材，征询道："冯军门的意思……"

初来乍到，冯子材本来并不准备发言，但看到诸将那种闹哄哄的样子，他就有点坐不住了，这毕竟是影响整个战局的大事情，要有个什么闪失，关系到边关的安全，所以，既然潘鼎新问到，他也不再保持沉默了，于是也拿出一叠根据蒙大等人送来的情报整理的探报摆在桌面说："这几天，敝军也派出探员前往文渊、谅山等地探察敌情，并与越南抗法义民联络。据报法虏西线吃紧，正调兵前往援应，并无行将在东线大举的迹象，倒是在镇南关附近，多次遭遇法虏探子。我担心法虏有进扰镇南关的企图，所谓绕袭龙州，会不会是声东击西之计？"

冯子材的话引起了诸将的注意，大家交头接耳地议论起来，但都不愿轻易发言。

等了一会儿，看到无人接着发言，潘鼎新又问冯子材："照你的意思，是分兵芤莳迎敌，抑或是继续加强镇南关沿线防务呢？"

冯子材沉思了一下说："法虏狡诈，既有进趋芤莳，绕袭龙州的风声，难保毫无实际。我军败挫之后，士气低沉，军心涣散，如集队出击芤莳，则不管战与不战，也不失为振作士气之举，所以出击芤莳，是势在必行。不过，镇南关一路面对谅山、文渊之敌，法虏不需半日即可叩关而入，到时边关惊扰，大局震动，所以也不能松懈防务。依我看，不妨兵分三路，一路由苏军门率往芤莳，以遏敌绕袭龙州之谋；一路由萃、勤二军进扎关前隘，防备文渊之敌；中丞大人则仍坐镇海村，协调全局，以做各军的援应。"

冯子材的一席话，听得潘鼎新和众将连连点头。等大家议论了一番后，潘鼎新说道："我军现在共有八十余营四万余人，自足调遣。苏军门可率本部十八营及方军门广武军十三营前赴芤莳迎敌；马总兵六营仍驻牧马不动，以护滇桂通道；王藩司一军十二营仍扎油隘，以防法虏东窜；冯军门、王总镇率萃、勤二军进扎关前隘，以抵文渊之敌；余下各营与我同驻海村，做各军后路援应。"

对于潘鼎新的部署，冯子材还是满意的，他只是在最后加了

一句："扣波乃关前隘西路要口，萃军可派四五营人前去据守，并绕趋芃葑，协助苏军门大军作战。"

部署既定，冯子材、王孝祺遂督率萃、勤二军进扎关前隘。除抽调游击杨瑞山督带的萃字前军三营和都司麦凤标督带的后军二营移扎扣波，西援芃葑外，余下诸营则各认地段，热火朝天地赶筑长墙、地垒。为了加快进度，冯子材将军士和长伕分成两班，昼夜不停地轮流赶工，自己则把中军营帐设在长墙旁边的小山上，以便能日夜泡在工地上督促。但他人虽在长墙边，一颗心却分成几瓣，关注着各方面的动向：他首先牵挂的是芃葑方向的情况，他知道，如果法军真是攻打芃葑，绕袭龙州后路的话，战事的重心将移往那里，关前隘设防则会成为缓着，到时，萃、勤二军可能也要转而赴援，修筑长墙就是徒劳之举。反之，如芃葑一路并无敌踪，则意味着镇南关一路随时会成为法军进攻的目标，萃、勤二军面临的压力将会加重，需要筹划万全之策，才能确保不败。为此，他还多次派出探子由蒙大领着，潜入文渊、谅山、北宁，最远到达河内去打探敌情。从他们的报告中，冯子材知道，在军士赶筑长墙期间，法军就曾多次派小部队进窥镇南关，有一次，还派出几千军队登上关口，窥视长墙，但不知何故，却未再深入。不过，这已令冯子材捏了一把冷汗，因为法军如居高临下冲杀过来，萃、勤二军兵力单薄，长墙又未筑成，后果将不堪设想。

所幸芃蔅战事很快揭晓，原来只有法军的小股侦察部队窜扰芃蔅。派往扣波的杨瑞山、麦凤标五营行动迅速，先期赶赴芃蔅追剿，法军见清军势大，不敢抵抗即慌忙逃遁，萃军尾追数里，只夺获大象一头，生俘象奴二人。等到苏元春率领大军到来，芃蔅一带已无法军踪迹了。

知道芃蔅并无战事，冯子材觉得担子更重，加紧督促军士赶修长墙，终于在正月底竣工。为此，冯子材特地差人到海村禀请潘鼎新前来视察防务。二月初一，潘鼎新一行来到关前隘，在冯子材和王孝祺的陪同下，细细地视察了整个关前隘防务：只见沿着东西岭延伸下的横冈，筑起了一道长约三里，以土石紧密固砌的长墙，横过山谷，截断关道。长墙高七尺，底厚丈余，上面密密麻麻布满雉堞，以供军士向外视察和射击之用。长墙向外一面开有若干栅门，以便军士进出，取名为先锋栅；墙外还挖有一条四尺宽、五尺深的堑壕，是预防法军攀爬长墙而设。在长墙的后面约一里处，又筑有一条与长墙平行的简陋土墙，土墙上开有一些栅门通向后方，军士进出均凭腰牌令箭，取名叫栏冈栅。守军则驻在两墙之间，里面除设有营帐、仓库外，为了避免法军炮火的杀伤，冯子材还遵照张之洞的指示，参考滇军修筑地垒的图样，

挖了二三百个地垒,即在地下四尺深处挖一条条坑道,坑道宽六尺,深五尺,曲折成形,每距六尺开一垛口以供出入,两个垛口之中酌留原土以作间隔,高与地平。战时,每垛约驻兵十人,如法军放炮,则士兵躲入坑道内,炮火过后再出守雉堞。由于坑道深藏地下,即使炮弹落下也难炸透伤人,就是偶尔落入坑道中,因为坑道曲折,又有垛口相隔,则伤亡只是一垛人,而不会旁及他垛。这道长墙由冯子材亲率冯相荣、冯相华管带的中军左右营,参将梁振基督带的左军中营,把总黄万桂管带的左军左营,守备黄秀玲管带的左军右营,守备陈仕任管带的左军前营,以及守备刘汝奇管带的前军右营,把总梁有才管带的后军左营,共八营四千人驻守。

西岭则由王孝祺率勤军八营四千人防守。王孝祺指挥军士将西岭建成一个巨大的地堡群,并巧妙地设置枪炮工事,使交叉火力能远达镇南关下,近顾关前隘长墙;又在岭前岭后各修一条大道,以作出击和后退之用。东岭则由副将冯兆金督带右军中营,守备冯骅管带的右军左营,千总陶烈武管带的右军右营,守备陈之瑞管带的右军前营,以及千总陈荣坤管带的后军前营,共五营二千五百人驻守。由于这五营军士前段时间全部抽去帮助修筑长墙,无暇顾及东岭防务,所以东岭五峰中,只有前面两峰草草筑起几个地堡，后面三峰尚未动工。潘鼎新看到这里，就再三提醒冯子材、冯兆金要加紧修筑东岭工事。

视察既毕，冯子材将潘鼎新请进中军营帐，屏退左右，密议今后的战事。

未待冯子材开口，潘鼎新就钦佩地对他说："这次大军出击芃葑，果然劳而无功，中了法虏声东击西之计，看来，对敌情的判断，还是你高明啊！"接着，他掩饰不住内心的烦恼长叹一声，"法虏狡诈，行动极难捉摸。去年十一月的车里一战，本以为法虏会攻打苏军门部，孰料受挫的却是王藩司部；十二月谅山之战，本以为法虏会继续攻击王藩司部，不料却已转攻苏军门部。正月的镇南关之役前，张香帅曾多次电示：法意在全占越境，断不轻入华界。谁想法虏在挫败我军后，长驱直入，毁关而去。我军则心劳日拙，东西支持，首尾难顾，这个仗真不知如何打法才好……"

冯子材并未因受到称赞而高兴，却若有所思地说："我军这样被动应战，犯了兵法大忌，实在难以稳操胜券，如不及早另设法，恐难再战下去，这样……"

未等他说完，潘鼎新就打断他的话头，无可奈何地一摊双手说："那有什么办法呢？法虏又不听我们的指挥。"

冯子材说："我们可以设法叫他们听指挥嘛！"

潘鼎新精神一振，忙问："你有什么办法？"

冯子材望着窗外的长墙："我军新扎关前隘，法虏即闻风而来，大队进至关口，却始终未敢长驱直入，而是暂驻即退。事后，我派人打探，才知谅山法虏已拨出一半人马西援宣光，只留下一半人马分驻谅山沿线，所以，虽然他们气势汹汹，却已是心有余而力不足。他们到了关门而不敢再进，说穿了，不过是怕我们势大，寡不敌众而已。然而，他不来打我，我却可以去打他，激怒他来攻我，我自以逸待劳，还怕不能取胜吗？"

"你准备如何打法？"

"我想在长墙筑成后，派出小部队夜袭文渊，袭而不占，攻而不陷，以激怒法虏。如法虏倾巢而出，来攻长墙，则我军集中全力，围而歼之。"

潘鼎新连连点头："好计！好计！"

冯子材继续说："法虏连胜之余，气焰嚣张，稍激即怒，怒则失控，因此，诱敌来攻并非难事。难就难在我军要互相配合，集中对敌。这点，还须仰仗中丞大人了！"

潘鼎新追问："你有什么想法，尽可提出，只要能报仇雪耻，本部院无不允准。"

冯子材高兴了："能这样就好！我希望您能将出击芤蓊的大

军及时调回，专顾关前隘后路，并命驻扎油隘的王藩司一军，随时准备援应我军，有此兵力作后盾，我军方可放心去诱敌来攻。"

潘鼎新听完，从座位上站起来，背着手绕室沉吟，许久，才徐徐地说："集中兵力不难，就怕我军士气未复，将士不能力战。"

冯子材惊问："此话怎讲？"

潘鼎新才将埋藏在心中的一个难题向冯子材和盘托出：原来，广西军队的军饷一向微薄，饷章规定：凡募自广西本地的军士，月饷只得二两四钱；募自外省的军士，月饷可多至三两。其中，营官又按例对每个士兵每月扣饷七钱二分，到离营时再一并发给，表面看来，这是预防士兵中途逃跑的一种措施，实际上却是营官中饱私囊的陋规，这样，士兵本已微薄的月饷又减少了约三分之一，这就直接影响到士兵的士气。北宁战前，前任广西巡抚徐延旭已经觉察到这个问题，曾想将军士的月饷一律添加到三两，并命各营官不得克扣，发足十成，但未及实施，即已战败。事后，户部按照旧章驳回了徐延旭的做法，桂军士兵仍领二两四钱的月饷。等到潘鼎新等率领湘淮各军入桂援战，因湘淮各军月饷均为四两二钱，这就较桂军多出了一大截。在与法军的几次作战后，湘淮各军大量减员，只得就地招募补充，而这些新兵按章只能领到二两四钱月饷。这样，在各军之间或一营之内，出现了月饷多寡厚

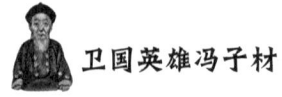

薄不一，苦乐不均的现象，以致人数最多的桂军将士心中多有觖望，认为效命杀敌不后于人，饷项却独薄于桂军，再加上迭遭败挫，士气更加低落。"驱饥兵以御强敌，我恐敌未至而军先溃逃矣！"潘鼎新忧心忡忡地说。

听完潘鼎新的这番说话，冯子材才恍然大悟，前段时间所见各军士气低落的原因原来如此！刹那间，昔日他镇守镇江时饥军闹饷的紧张场面飞快地掠过了他的脑海，他深深地体谅潘鼎新的苦衷，关切地问："大人可有良策挽回士气？"

潘鼎新说："我倒筹划了一个救急办法，但需你、我和苏军门三人联衔上奏，请准朝廷才行。"

"什么办法？"

"我想将各营汰弱留强，精简归并，节省饷需，然后无论本地外省，湘淮桂军士卒，月饷一律加至四两二钱，你以为如何？"

冯子材兴奋地说："好，重赏之下必有勇夫，这是一个振奋士气的好法子。不过，此时再奏准朝廷，就是远水救不了近火，不如先斩后奏，立即在全军实施，等打了胜仗后，再奏请朝廷正式批准施行。"

潘鼎新表示赞同："这样也好。此事我曾和苏军门商议过，他并无异议，如你也赞同，我回去后马上着手办。"

冯子材说："军机紧急，事不宜迟，此事办得越快越好！"

可能是受了冯子材的影响，对战胜法军有了信心，所以潘鼎新一改过去的萎靡不振状态，在四天之内就办完了两件大事：一是召回苏元春所率出击芄葛的大军，驻扎在关前隘的后路幕府一带，距长墙仅有十里。二是宣布全军士卒不论本地外省，月饷一律为四两二钱，十足发给，从而大大地鼓舞了士气，振奋了军心。冯子材闻报，知道万事俱备，只欠东风了，于是在二月初五召来王德榜、王孝祺诸将，部署三军各抽奋勇、夜袭文渊的战事。镇南关大战的序幕拉开了。

## 第四章

好好教训了法国兵

　　二月初六早上，驻在谅山的法国东京远征军第二旅团旅团长尼格里少将，刚刚处理完一件棘手的公事，就接到文渊法军的紧急报告：二月初五深夜，数目不详的众多清军从三个不同的方向偷袭了由法军一连驻守的文渊州。清军冲入街市，开枪射击法军营垒，打死打伤仓皇应战的法军多人，还烧掉了法军的两座堡垒，折腾了整夜，天明后才撤离。

　　和年已六十七岁的冯子材相比，年仅三十八岁，生得高大健壮的尼格里可称得上是后起之秀了。他出身在法国里昂的一个军人家庭，从小就崇拜拿破仑，有志做一个法兰西军人。二十岁从军校毕业，他先后被派往阿尔及利亚、突尼斯等地服役，从少尉排长做起，东征西讨十几年，出生入死于枪林弹雨之中，总算宦途顺遂，直到升为准将。1883年底，他奉调到越南北圻，任法国东京远征军第二旅团长。1884年，他先后参加了北宁、郎甲、船头、车里、谅山等战役，与清军反复鏖战，不断地挫败对手。因为攻克谅山有功，他被提升为少将。当东京远征军总司令波里也率第一旅团西援宣光后，他就成了从北宁到文渊这块宽阔土地上

的太上皇。为了显示自己的军事才能,他曾率手下一个旅团的兵力,根据波里也临走前的安排,打破了清军的节节抵抗,长驱直入攻占镇南关,并在那里停驻了两天,最后焚毁了象征中国南大门的镇南关楼才撤离。这一连串的军事胜利,使得平日已比较自信的尼格里更加自我陶醉,以为落后的中国军队根本不是他的对手,他麾下的法军所向无敌,清军则不堪一击。他踌躇满志,目空一切,甚至暗暗埋怨法国政府中的决策人思想保守,缩手缩脚,为什么不乘胜下令进军中国的内地,占据与越南北圻接壤的广西、云南,使法国殖民地的版图大大扩展呢?

闻知萃、勤二军进扎关前隘的消息时,虽然他对冯子材毫无了解,但他本能的反应是认为应该给这支新来的敌军一个教训,使他们服服帖帖,为此,他立即率领全旅团主力向镇南关进发。一路上没有遇到清军的阻拦,尼格里很顺利地便率军再次登上镇南关口,在那里,他登上一个制高点,用望远镜细细地观察了清军的阵地。他发现:从镇南关通往凭祥的大路及路边的高山上,到处都有清军修筑的坚固堡垒,这些堡垒群延伸得很远,表示清军的兵力雄厚。而在一旁的油隘方向,他也发现了许多营帐,表示那里也驻扎有不少的清军。这时,他的心情变得复杂起来,一方面,他认为这么多的清军却不敢在镇南关口设防,以致让法军不受阻拦地自由自在进出，从而对清军产生了强烈的轻蔑情绪，认为他们不能算是真正有责任心的军人，而只是一群徒具军人外表的胆小鬼，不能担负保卫国门的重任。但在另一方面，他又对清军的巨大数量感到头疼，他认为自己并不惧怕这些军队，并且有把握击败这些军队，但是，真的要和这么多的军队纠缠，并各个击败他们，他又觉得是一件麻烦的事情，因为子弹是不长眼睛的，在战场上什么事情都可能发生。在郎甲一战中，他的腿部被一颗子弹擦伤；在车里一战中，他的参谋长就倒在他身边，被清军的一颗炮弹片削去半个脑袋，死人的鲜血和脑浆溅到他的身上；在谅山一战中，他的右臂中了一颗子弹，虽然后来开刀取出了子弹头，但伤口至今还包扎着，整个右臂还不能运用自如。如果现在再去进攻清军，结果当然仍会是法军取胜，但法军会伤亡多少人呢？自己会不会又在哪个部位挨上一枪呢？再说，上级也并没有指示或要求自己再次发起攻击，自己又何必自找烦恼呢？想到这里，他强压下内心的冲动，没有进一步挥师直逼关前隘，而是悄悄地率军撤回谅山。临走时，他做了一件当时自以为得意，过了很久后才知道是个大笑话的蠢事：为了纪念他二次率军占领镇南关，他站在前次所立警告中国人的木牌下，叫随军记者给他摄影留念。由于这次行动比较匆忙，他没有带中文翻译，因此做梦也没有想

到，木牌虽然还是法军所树立的那一块，但上面的题字已经不是原来的字，而是经过冯子材的改写，变成要向法国侵略者报仇雪恨的铮铮誓言！等到后来他以失败者的身份回到法国，一个懂得中文的朋友在看过相片后向他指出这一点时，他才尴尬地苦笑了：当他自以为是一个强者的时候，命运已给他安排了可悲的结局！

回到谅山，尼格里接到顶头上司波里也从宣光拍来的电报，指示他：法国政府正与中国政府谈判结束战争，为了增加在谈判桌上的筹码，法国军方希望谅山法军能对龙州有所动作，以给中国军队一个教训。看完这份电报，尼格里不禁苦笑了，他想起在望远镜中看到巨大数量的军队，思忖道：要教训他们谈何容易！于是，他不多做考虑，就马上复电给波里也，委婉地拒绝执行这个命令："中国军队的数量估计有四万至五万人，因此，如果没有两个旅团的增援到来，单靠谅山法军的兵力而采取攻势将是错误的。一定要这样做，结局是不乐观的。"

但是，就在拒绝波里也后，过了几天，他接到派往芄蔀执行侦察任务的小分队的报告，在那个方向出现了大批中国军队，他们并主动向法军发动攻击，以致小分队只得赶紧撤回。听说手下败将如此猖獗，公然敢主动挑衅，尼格里感到恼怒了。他想：攻打龙州固然难以办到，但适当惩罚一下胆敢攻击法军的中国军队，对于他来说并不是难事。于是，他改变了原先固守待援的想法，去电请示波里也："如果中国军队进攻，我将指挥军队反攻，并跟踪追入敌人的一个阵地，在击溃他们后，随即回来。"虽然尼格里这个主张比起进攻龙州来说，已是大大缩小了规模，但毕竟还是一种教训中国军队的行动，因此，波里也同意了他的意见，复电表示："赞成你的计划，我信赖你的智慧和谨慎，一定能尽力把事情做好，再次创造出攻占镇南关那样的奇迹！"当军人的，再没有比得到上司的称赞和赏识更为高兴的事了，所以，尼格里读着这份电报后，感到浑身轻松，甚至怀着灿烂的梦想，当晚睡了一个好觉。

然而，似乎老天像要考验他的行动方案的可行性一样，未等他从梦中醒来，气急败坏的参谋副官便惊慌失措地把他叫醒，结结巴巴地向他报告文渊法军遭到清军攻击的坏消息。尼格里听后，昨夜留下的轻松心情一扫而光，他几乎是从床上弹跳起来，一边迅速利索地穿衣服，一边愤怒地对着参谋副官大叫大嚷："传我的命令，立刻集合军队，我要教训教训这些不知死活的野蛮人，让他们知道大法兰西的军队是不好惹的！"

法军倾巢而出的消息，很快就被冯子材派往谅山侦探敌情的蒙大等人侦悉，蒙大连夜从谅山赶回关前隘向冯子材报告，这时

已是二月初七的四更天了。冯子材闻报后，立即召来诸将，做出三个决定：一是全军将士马上埋锅煮饭，天明进入阵地，准备作战；二是命左军督带兼中营管带、参将梁振基及管带左军左营的把总黄万桂，各率所部前往横坡岭布阵警戒，如法军入关后，由他们先行稍作抵抗，即行撤回长墙，为的是让长墙和东西岭的守军能有所准备；三是派出三个信使去联络各方军队。一个信使去海村向潘鼎新禀报军情，要求如关前隘打响后，及时派出援军；一个信使往油隘与王德榜联络，要求楚军出动骚扰文渊，从后路牵制法军兵力；一个信使则飞奔扣波，命令杨瑞山、麦凤标率所部五营相机回顾关前隘。

梁振基是冯子材在镇江时的老部属，以灵活机变著称，受命后，他心知军情紧急，也不敢怠慢，立即下令所部左军中左两营五更造饭饱餐，天明出队。二月初七清晨，是个初春的大雾天气，厚厚的雾气弥漫在天地之间，山岭、丘陵、树木、道路就像全都遮掩在看不清、摸不着的帐幔之中，除了凉丝丝的湿意，对面看不见人影。所幸军士对地形已经十分熟悉，仍能小心翼翼地踏着被露水湿透了的小路，摸索着走到横坡岭。梁振基等两营人都到齐后，一面下令依托地形，赶紧修筑工事；一面派中营前哨哨长张成从本哨挑选十名奋勇，朝关楼方面哨探前进，侦探敌情。

　　几乎与梁振基率军进扎横坡岭的同时，尼格里也率领第二旅团主力三个团三千余人和二千余越南军队，从文渊出发，向镇南关迤逦而来。当确信镇南关上并无中国军队把守后，尼格里率领军队登上关口，在这里，他让军队就地休息，自己则爬上一处制高点，举起望远镜察看清军的阵地，以便选取攻击目标。但是，浓雾把一切都遮盖住了，除了无边无际的雾气，望远镜里什么都看不见。尼格里无奈，只得下令派出非洲骑兵前去侦察，自己则抓紧时间闭目假寐，以在战前休息一下紧张的大脑。

　　法军骑兵的马蹄虽然包上了布块，但马蹄沉重地踏在地上所引起的震颤还是被警惕的张成等人远远地感觉到了，他们停止前进，迅速地躲进路边的树后和草丛中，紧张地注视着前方。这时，太阳已升起，雾气由浓变淡，逐渐消散，眼睛已能分辨远处的景物，等到在视线中出现法军骑兵的模糊身影时，张成向伙伴们做了一个手势，然后，他就像一个蓄势已久，准备擒获猎物的虎豹，使劲一跃而起，跳上前头的法兵的马背，把惊慌失措的法兵拖下马，随手一刀刺进他的胸膛，结束了他的性命。几乎是同时，十个奋勇也一同举枪射击，一排枪弹尖脆地啸响着，向后面的法兵扫射过去。随着几声惨叫，又有三四个骑兵从马背上栽下来，失去了主人的马匹惊嘶着，到处乱窜。余下的骑兵见势不妙，一面慌乱

地举枪乱放，一面勒转马头向后逃去。名震中外的镇南关大战就这样打响了。

枪声惊动了正在闭目假寐的尼格里，他睁开眼睛，刺眼的光照使他又眯缝起眼，等他再次睁开眼睛后，很快就发现浓雾正慢慢消散，远处的景物越来越清晰地显露出深黑的轮廓来。他举起望远镜朝枪声传来的方向望去，在高低不平的丘陵中，可以毫不费力地分辨出清军淡褐色的身影和浓黑的湿地。再向远处望去，是他已见过的关前隘长墙，像一条深色的巨蟒，横断关道，一直延伸到两边的岭脚下，长墙的雉堞上飘扬了不少军旗，根据以往的经验，尼格里知道这样的一面旗代表着一营或一哨的兵力，从这些旗数来看，这道长墙由四五千士兵防守着。再向两边望去，凤尾山上也插着相当数量的军旗，表示兵力不少，只有另一边的小青山虽然还隐藏在挡住晨曦的大青山的阴影里，但每座小峰上飘扬着的稀稀落落的旗子还是依稀可辨。尼格里眼睛一亮，再睁大眼睛细细搜索，终于发现前面三座山峰上，黑糊糊的背景上勉强可辨的几座地堡的低矮轮廓。他马上判断出，这几座山上的兵力不多，防御工事也不坚固，于是，他在心中酝酿出下一步的作战方案。放下望远镜，尼格里立即召来旅团的炮兵司令，吩咐他集中炮兵火力，先轰击横坡岭上的清军，然后由一一一团团长浮尔，率领本团的一千名士兵，由一千越南军队配合，先扫清横坡岭的清军，再由关道前进，直逼长墙，但这路兵力只是佯攻，目的是牵制长墙的清军主力。尼格里把主攻方向放在小青山上，一是因为他估计那里的守军兵力较弱，可以不费多大代价即攻占下来；二是他认为在夺取这些制高点后，法军可以居高临下地威胁和出击踞守长墙的清军主力，最终夺取长墙，达到此次作战的目的。他把这个任务交给他最信任的一四三团团长爱尔明加，为此，除了给他一四三团的一千法军外，又配备了一千越南军，还把已经完成轰击横坡岭任务的炮兵队全部拨给他。由团长寿非率领的二十三团一千人则作全旅的预备队，并负责警戒油隘方向的清军。

梁振基所率两营士兵大部分是未经战阵的新兵，当法军的炮弹劈头盖脸地轰来时，许多人吓得脸色发白，全身发抖，紧紧伏在仓促挖就的工事里，连大气也不敢出，有几个特别胆小的，还尖叫着撒腿向后逃去。梁振基没有料到会出现这种情况，气得破口大骂："怕个鸟！法鬼的炸弹也不长眼睛，还怕它咬掉毛去！"也许是大雾妨碍了法军炮手的视线，所以只是在潮湿的地上炸出几十个大坑，却没有伤着几个人。倒是雾散后，二千余法军和越南军队分散成密密麻麻的散兵线，端着枪，猫着腰，像一群群黑蚂蚁似的直逼过来时，让梁振基倒抽了一口冷气，因为他的士兵

大多数使用的都是装弹慢、射程近、杀伤力有限的大熥枪，只有少数人配备旧式的士乃打步枪，杀伤力也不强，根本无法阻止法军的冲锋。幸好冯子材早就预见到了这种情况，所以也没有叫他顶着硬打。梁振基便利用横坡岭高低不平的地形，将一千士兵巧妙地分为两道互相救应的防线，当法军迫近第一道防线时，守军只略作抵抗，延滞法军的攻势，就在第二道防线守军的掩护下，顺着高低不平的丘陵地，迅速撤往第三道防线，而由第二道防线的守军接着阻击法军。就这样，且战且退，最后全军退回长墙。他们的这种战法，使不知虚实的法军时进时停，直至将近正午，才进至长墙对面的一块开阔的谷地前，这块谷块宽两三里，除了边缘生有低矮的灌木草丛外，中间是无遮无拦的空地。而这时长墙内的冯子材部与西岭的王孝祺部已争取到时间，得以从容布置高低配合的交叉火力，将法军压制在这片谷地里，不能再前进一步。不过，这部分法军的任务只是牵制长墙清军，所以也没有进攻，只是不时用密集的火力射击长墙，或是呐喊着做出冲锋的姿势，但稍一受挫又即退回，用这种方法使长墙清军全力应付，而不敢分兵援助东岭，战斗呈现了胶着状态。

可是，东岭小青山的战斗却是另一个样子。

爱尔明加不愧是法国军校培养出来的高才生，他充分发挥法军自拿破仑时代就已创造出的先进战术：先用炮兵轰击对方的阵地并尽量加以摧毁，当对方的抵抗已被削弱到极点后，才发起步兵冲锋，从而以最少的伤亡消灭敌人，攻占阵地。所以，当他率领军队接近坡度并不很高的小青山第一峰——法军把它称为东岭一号堡垒时，他并不急于发起冲锋，而是命令炮兵选择好阵地，用排炮轰击清军堡垒。

据守一号堡垒的是守备陈之瑞管带的右军前营五百人，新兵多而老兵少，他们的任务本来是做协助长墙攻守的奇兵，只是摇旗呐喊的配角，而做梦也想不到会成为法军主要攻击的第一个目标。当法军在岭下运动时，那些未经战阵的新兵还好奇地走出仓促修筑的地堡，探着身子稀罕地居高临下张望，有些还俏皮地说着大话："法鬼，爬上来呀！看老子不揍扁你！"

第一发炮弹向山上呼啸着飞来了，但却打得太高，以至越过清军阵地，落在山后，只传来一声闷响；接着，第二发炮弹也急射过来，但又打得太低了，落在半山腰上。这种情况，使得一些性急的士兵又讲开了风凉话："要想打中老子，还要再学两三年才成！"谁知，这两发炮弹只是炮兵的例行试射，一旦他们校正方位后，排炮便铺天盖地落在清军堡垒上，那些堡垒像纸扎般地被炸坍了，整个山头像被重新翻过一遍，露出黑黄间杂的深土，

被炸中的军士肢体横飞，血肉模糊，和被炸起的泥土一起扬扬洒洒地散落人们的头上和身上，这些恐怖的场面扫荡了原先的轻松气氛。那些新兵第一次看到这样险恶的阵仗，许多人都吓得脸色苍白，浑身发抖，有的呼天抢地地大哭，双脚都瘫软得不能挪动一步；有的嗷嗷乱叫，丢下枪械就往后山跑去。陈之瑞是个倔强的老头，他的官帽早被炮弹的气浪冲落，满头满身溅满了泥土。他狠狠地朝地上吐了一口沾满泥尘的唾液，就提着一把大刀，骂骂咧咧地东挡西截地阻拦那些逃跑的士兵，直到一颗炮弹在他身边爆炸，炸掉了他提刀的右手，他在烟尘中只僵立了一会儿，就发出一声惨叫仆倒在地上，几个亲兵赶快跑过来，把他搀起，向后山撤去。"陈管带受伤啦！"这句话带着恐怖的意味在官兵中传播着，大家都无心恋战，纷纷朝后山退去，一号堡垒被放弃了。

从望远镜中看到一号堡垒的守军仓皇撤退的狼狈样子，爱尔明加得意地狞笑了，当他确定对方的抵抗已被完全摧毁后，才下令军队抢占一号堡垒。等到爱尔明加随着法军兵不血刃地爬上山顶，遥望严阵以待的小青山第二峰——即法军称为二号堡垒时，他才发现自己面临着一个严重的困难：原来，从远处看来似乎是连续不断的五座山峰，走近了才发现是各个独立的，每座山峰之间都有很低的谷地把它们隔断。尽管从第一峰上可以很清楚地看

到第二峰守军的一举一动，但要接近二号堡垒，却先要爬上第一峰的山顶，然后再下到很深的谷底，而谷底又生着阻碍前进的丛生灌木和乱草，只有越过这些障碍后，才能开始仰攻二号堡垒。这种上下跋涉，对于训练有素的步兵来说也许并不是什么大事，但对炮兵来说却是巨大的困难。把沉重的大炮扛上陡峭的山顶，虽然吃力，只要肯使劲，还不是做不到的事情，但在二号堡垒守军火力的威胁下，再把大炮扛下山去，这就不容易了，山陡坡滑，一不小心就会将沉重的大炮摔下山去，砸伤山下的步兵，弄个炮毁人伤。如果不把大炮运到山脚下，没有炮兵的协助，单靠步兵在光秃秃的山下向上仰攻，则伤亡就无法预料。无奈，爱尔明加只得多派士兵帮助，将大炮一寸一寸地小心翼翼扛上扛下，这就耗费去许多时间。当他像攻陷一号堡垒那样攻陷二号堡垒时，已是下午四时多了。

看到小青山第一二峰的守军伤亡惨重地狼狈撤下，法军却在攻下一二号堡垒后，又准备攻打第三峰时，也就是小青山的最高峰时，冯子材心如油煎，急红了两眼。因为第三峰正与长墙相连，有一条大道相通，攻下了第三峰，法军就可居高临下地炮击长墙，长墙甚至没有防御工事来阻挡冲下来的敌兵，因此，丢失第三峰，在某种意义上说等于是丢失了长墙。冯子材几次吩咐亲兵备马，要亲自率队前去援救东岭，都被诸将苦苦地劝住了，因为长墙前面也有几千法兵在虎视眈眈，防守兵力一旦减少，保不定他们就会乘虚冲杀过来，如长墙守不住，大事就完了，因此，长墙防御需要冯子材主持，一兵一卒也不能轻易调动。无奈，冯子材只得频频派人向第三峰主将冯兆金传令，要他宁可拼到只剩一兵一卒，也不能丢失东岭。

冯兆金跟随冯子材已久，军事经验丰富，当法军炮轰和攻占一号堡垒时，他已经琢磨出对方攻占小青山，绕袭长墙的企图，意识到自己肩上的责任，因而当机立断，将第四、第五峰的两营守兵调到第三峰来，加上第一二峰的溃卒，大大加强了第三峰的力量。他利用第三峰地形宽阔的优势，命令将士纵深配备防御，并将地堡挖深加厚，当敌人开炮轰击时，他指挥士兵伏在地堡里躲避。待炮轰过后，再出来射击敌人。同时挑选奋勇，组成小分队，在地形的掩护下，骚扰法军，使他们的大炮失去准确的目标，从而减轻主阵地的压力。这些办法一开始还有效，但随着敌炮的射击越准，守军的伤亡增加，冯兆金感到越来越吃力了。

就在这个危急关头，长墙里有几个士兵惊喜地叫喊起来："援兵来了！"冯子材闻声回头望去，只见通往凭祥方向的大路上烟尘滚滚，烟尘中闪现出苏元春等军的将旗和跑步前进的士兵匆忙的

身影。冯子材心头的一块大石落地，长长地松了口气，连忙向后墙赶去。不一会儿，苏元春便满头大汗地率领大军出现在冯子材面前。冯子材高兴地迎上前去，激动地说："总算把你们盼来了！"

苏元春跳下马，大踏步地走近冯子材说："潘中丞命我率本部和广武军先行驰援，他召集众军明日赶到！"

冯子材顾不上寒暄，只是用手指着炮火连天、硝烟弥漫的东岭说："东岭危急，赶快援救！"

苏元春回头一看，正好陈嘉和蒋宗汉从后面赶了上来，就命令二人："快去援救东岭！"

陈嘉和蒋宗汉同时应了一声："是！"就拨转马头，率领本部士卒，迅速向东岭冲去。看着这两支生力军渐渐远去的背影，冯子材放心了。

东岭的战斗已进行到最后关头，法军在炮击过后，正发起步兵冲锋。一千多名法兵和越南兵端着枪，低头弓腰地一个劲向山顶上冲。山上的防御工事大多都已轰倒，守军死伤狼藉，余下的人只能依托弹坑、破地堡、大石头和小树做掩体，朝漫山遍野潮水般涌来的敌人开火。但是，将士们手中的旧式枪械的杀伤力实在太低了，虽然也有不少敌兵被击中，却很少能致命，以致法兵渐渐大胆起来，直起腰哇哇叫着猛冲。杀得性起的冯兆金已甩掉帽子，脱掉上衣，手里握着一把锋利的青光刀，眼睛紧紧地盯住敌人，一些打光了子弹的士兵也丢开无用的枪杆，拔出随身携带的青光刀，准备跟随冯兆金一起扑下山去，与法军拼命。这时，他们听到从山后连接长墙的大路上传来一阵惊天动地的呐喊声，站在高处的几个士兵朝山后一看，见是无数清军正蜂拥而来，就兴高采烈地回头报告冯兆金说："援兵来了！"本来正在盯着山下的敌兵，准备以身相拼的冯兆金赶忙跑上高处往山后望去，他一眼就认出领头的是陈嘉和蒋宗汉，心里不禁油然升起一股暖流，深深地感叹了一声："东岭保住了！"

东岭的守军得到援兵后，势力大增，不但居高临下地把进攻的法军像撵鸭子般的赶回去，而且乘胜反攻一二号堡垒。爱尔明加本以为可以顺利地攻占整个东岭，所以也没有做固守一二号堡垒的准备，当清军反攻过来时，他措手不及，狼狈不堪，为了避免硬拼伤亡过大，加上看到天色已晚，怕夜战不利，他干脆率领法军后撤了。

边关的夜晚本来是荒凉而寂寞的，但今晚却不同了。小青山诸峰隐蔽在大青山投下的巨大黑影里，只有在白天发生过战斗的地方，还不时闪现着战火燃烧的余烬，刺鼻的火药味仍在丘陵和

谷地中弥漫和飘荡着,冰凉的夜风带着死尸的腥味向四下里吹送,令人闻着感到憋闷和恶心。双方的军营中,还不时传来伤员因忍受不了疼痛而发出的凄厉惨叫,更给夜幕增添了恐怖的气氛。不管是清军还是法军,激战了一天的士兵和下级将弁,都顾不上用水抹一下身上的征尘和汗水,只就着微弱的灯光草草地吃罢简单的晚餐,就疲乏地抱着武器呼呼地入睡了。只有双方的主将仍在忙碌地操劳着,筹划着明天更加残酷的厮杀。

尼格里并不知道对方在傍晚时来了大批援军,他只是根据日间的战况看出了对方的一些弱点:主要是武器落后,特别是缺乏最具杀伤力的新式大炮,因而火力不强,只能依靠数量上的优势与法军对峙。尼格里认为,要战胜这样的对手是没有什么困难的,因此,经过和三个团长及参谋人员商量,他制订出新的作战方案:将全旅的炮兵配备给一一一团,步炮配合进攻长墙。一四三团则放弃攻打小青山的行动,改为悄悄绕过小青山,袭取清军并未设防的大青山,再从大青山居高临下地攻打长墙背面,与一一一团前后夹攻,摧毁长墙守军的抵抗,占领长墙,结束战斗。为了保证战斗的胜利,二十三团仍旧作为全旅的总预备队,并负责保护从文渊到镇南关的运输线,保证运输队能安全地将临时储存在文渊的武器弹药及时运送前敌,满足一一一团炮轰长墙的需要,使战斗能顺利地进行。为了万无一失，尼格里命令二十三团连夜行动，保护运输队运送弹药。以免影响明天的战斗。在将各项作战任务详细而又明确地下达给各团指挥官后，尼格里用下列的话结束了会议："明天，又将是一个给法兰西军旗增添荣誉的伟大日子！"

冯子材完全不像是一个年近七十的老人，却像是一具钢铁浇铸的战神，越是紧张繁忙的战斗生活，他就越是显出有用不完、使不尽的劲头。入夜以后，他不知疲倦地忙于视察阵地，给各军调拨补充弹药，探望伤兵，安排收敛死者，一直忙到深夜，才回到中军营帐，与应召前来的诸将商讨明天的战事。

中军营帐里，点燃了近十根巨烛，照耀得如同白昼一样明亮。诸将身上还带着白天激战的硝烟和征尘，都像一具具石雕一样静默而严肃地注视着冯子材，大家都明白即将来临的战斗事关重大，是胜是负，完全取决于主帅的决心和决策，因而都不敢轻易说话，唯恐扰乱冯子材的思路。

在烛光下，冯子材的面容没有丝毫倦意，显得格外的凝重，他沉着地扫视一下诸将，尽量语气平静地说："从今天的战事看，法虏有两个特点，一是炮火猛烈，二是兵力不足。由于炮火猛烈，就使他们得以从容轰击东岭诸垒，兵不血刃地攻占两座山峰，而我军没有炮，只有挨打，却无还手之力。但是，法军由于兵力不足，

火力也就不足，以致他们无法分出炮兵来轰击长墙，更不用说攻占长墙了。"

停顿了一下，冯子材接着又说："我军的情形恰好相反，兵力充足，但火力不强，无法压制法虏的炮火，再加上士兵未经战阵，闻炮即惊，甚至溃逃，从而牵动了全局。明日之战，我们必须扬长避短，才能克敌制胜。"

说到这里，冯子材停了下来，眼睛看着诸将，观察他们的反应。诸将中只有少数人交头接耳，短暂地小声议论了一下，大多数人仍旧神态严肃，目光充满信任和期待地注视着冯子材。一个性急的将军忍不住高声叫起来："请问帮办大人，明日的仗准备怎样打法？"由于他的话说出了大家心中关注的问题，诸将精神一振，更加专注地望着冯子材。

冯子材脸色坚毅，一字一顿说："硬抗炮火，合兵歼敌！"

冯子材的话音刚落，诸将都连连点头，心情豁然开朗。

冯子材进一步说明自己的想法："法虏作战，都是先用大炮轰击，然后再用步兵冲锋。所以，我们要尽量掩蔽，抗住敌炮轰击，不惊不溃，死一个补一个，死十个补五双，人在阵地在，绝不能再像今天这样，因为惊溃而丢失阵地。"说到这里，冯子材提高了声调，威严地扫视诸将说："我已与苏军门议定，明日各军均在阵后设关卡，派执法队，如有擅自后退者，无论何军何将，皆可得而诛之。反之，如能保守阵地，并击退法虏的，必有重赏！"

诸将肃然答道："遵命！"

冯子材转过脸对着陈嘉和蒋宗汉说："陈、蒋二将军，东岭就拜托二位了，希望不要出现今天那样的险情。"

陈嘉和蒋宗汉齐声应道："帮办大人放心，有末将在，绝不让法虏夺得东岭！"

冯子材又转向王德榜："朗青将军，据猎户蒙大刚才送来的探报，法虏辎重队有连夜赶运军火的迹象，你部在天明后要速趋文渊，袭其辎重，勿令其运送前线！"

王德榜在上午接到冯子材的命令后，曾调派兵力来援关前隘，但未至镇南关即被法军二十三团阻截，激战一天仍未能冲过，王德榜是趁着黑夜绕小路前来开会的，闻说东岭战斗激烈，他内心觉得歉然，所以听到冯子材吩咐他截击法军辎重队，觉得比打法军二十三团容易，连忙答道："是！"

冯子材又对王孝祺道："福臣将军，法虏今日并未进攻西岭，明日如仍这样，你可分兵绕援他军，以分敌势。"

王孝祺道："末将遵命！"

最后，冯子材指着身边坐着的苏元春对诸将说："我与苏军

门同守长墙，绝不让法虏越过长墙一步！"

苏元春插口说："我已派人向潘中丞禀报军情，请他速调余下各军前来援应。"

冯子材站起身，向诸将拱手作揖道："明日之战，关系我两粤父老百姓的生死存亡，还望诸将努力杀敌，萃亭先谢了！"

有一位以描写战争而著称于世的作家曾说过这样的一段话：任何设计得很好的作战方案，常因在实施时遇到种种无法预料的意外事件，从而会大打折扣以致完全走样。这些话同样适用于尼格里。

二月初八清晨，仍像昨天那样大雾弥漫，但尼格里却感到高兴，因为浓雾会掩蔽爱尔明加团绕袭大青山的行动，从而有助于他制订的作战方案的实施。因而，他只是心情很好地看着一一一团在忙碌地布置炮兵阵地，准备炮轰长墙，自信得没有想到需要去检查一下他的作战方案各个环节的实施情况。

其实，尼格里作战方案中的一些主要环节并未像他所设想的那样得到了完全实施。

一一一团担负主攻长墙的繁重任务，取胜的关键是必须保证弹药，特别是炮弹的供给。入夜后，由于害怕清军的夜袭，一一一团把阵地从原来所驻谷地移向高处，却没有把这种变动通知运输队。而根据尼格里的指示，运输队应该在黑夜中往返两次，才能将一一一团发起总攻所需要的弹药补充足够。但是，当运输队费尽千辛万苦，在午夜时分第一次将弹药运到一一一团原来驻防的谷地时，在黑暗中却怎么也找不到一一一团，疲劳的士兵和民伕只得就地休息。直到拂晓，他们趁着光亮找到一一一团，交割完弹药后，再返回文渊去运送第二批弹药。这次却不顺利了，满载弹药的运输队刚刚离开文渊，就被奉命拦截法军辎重的王德榜所部楚军碰上了。这里离镇南关尚远，二十三团只有小部队护送，因而双方众寡悬殊，法军运输队抵挡不住楚军的凌厉攻势，只得丢下部分弹药狼狈逃回文渊，不敢出来。楚军留下一支部队监视文渊，其余部队则带着战利品返身参加回援长墙的战斗。这样，法军一一一团在开战之初，只得到原订计划一半数量的弹药。

在尼格里的作战方案里，爱尔明加所率的法军一四三团及越南军队共二千余人，应该乘着浓雾遮掩山野的机会，绕过小青山的敌垒，隐蔽地攀登大青山，突然出现在长墙守军的背后，与在长墙正面发起进攻的一一一团前后夹攻，一举夺取长墙。爱尔明加忠实地执行命令，黎明时就率领他的军队悄悄绕过小青山，来到大青山脚下。这时，浓雾已开始消散，黑黝黝的大青山完全敞开在法军面前，爱尔明加发现，大青山的地势陡峭，到处是巉岩

绝壁，根本无法攀登，他花了两个多小时做了各种努力，都以失败而告终。爱尔明加担心，如继续将军队停留在山脚下，就会成为小青山守军的攻击目标，他考虑再三，只得把军队撤回镇南关。这样，尼格里作战方案中的又一个重要环节就完全落空了。当意识到攀登大青山偷袭敌后的行动可能会失败时，爱尔明加曾及时派了一个士兵报告尼格里，请他考虑修改作战方案，但这个士兵在半路上被清军的哨兵发现，开枪把他的脚打伤了，他忍着伤痛滚进草丛中，侥幸地逃脱了搜捕。当他连滚带爬，遍体鳞伤地挣扎着回到尼格里身边时，时间已是太迟了。

在这之前，尼格里对于上述情况一无所知。当浓雾逐渐消散，大青山的山峰越来越清晰的时候，尼格里曾看了看手表，知道一四三团出发已经有两个多小时了，估计已经完成攀登大青山的行动，便举起望远镜向大青山的山顶望去，隐隐约约看见上面有人影晃动，并看到有人向山下走去，便认为这是一四三团在向长墙背后逼去。虽然有那么一刹那间，尼格里的心头曾涌起过一丝疑惑："怎么听不到敌军抵抗的枪声？"但他很快又自我安慰："或许长墙里的清军也像过去的许多次交手那样，经过昨天的激战后，已经胆怯地弃阵逃跑了。"想到这里，他不禁有点陶醉，以为胜利在望了，于是命令——一团开始发起总攻。

　　总攻照例是由炮轰开始的。这次的炮轰与昨天不一样，昨天爱尔明加用以轰击小青山的大炮较少，目标也小，而且大炮是仰射，声势不够大。这次则集中了全旅三个炮连的十余门大炮和各团自带的小炮，选择有利地势一字形排开，居高临下地向长墙齐射俯击，这样，久经训练的炮兵较易找准目标。当炮弹带着尖厉的啸声，像一群黑老鸹一样飞出炮膛后，都准确地落在长墙上，刹那间，长墙淹没在火海和烟雾之中。

　　炮击前，长墙守军仍像昨天那样，据守雉堞，严阵以待。当第一颗炮弹着地爆炸时，大多数未经战阵的士兵只是诧异地望着它，恍如过年时观看邻居家燃放烟花炮仗。倒是冯子材在两个儿子的护卫下，飞快地冲出设在山坡上的营帐，大声地对还在发呆的将士喊道："快进地堡！快进地堡！"

　　但是，这时才进地堡已经晚了一点，因为法军排炮已经铺天盖地地袭来，炮弹爆炸时发出的巨大响声及炸飞的泥尘冲天而起的阵势，已吓得一些新兵浑身颤抖，脸朝下紧伏在地上。只有一些老兵仍镇定自若地站在雉堞旁，警觉地向外注视，发现冯子材从身边走过，有些老兵还转过身来和冯子材大声招呼，借以减轻一点恐惧感。

　　等到第二、第三排炮弹飞来时，情况就不同了。落在长墙的

炮弹炸出一个个犬牙交错的大洞；炸在长墙后面的空地上的炮弹，或是炸塌了地堡，把厚达四尺的深坑填成平地；或是炸中一些营帐，木料或布篷的碎片夹着泥尘飞上半天，又像雨点一样洒落下来。无论是站在雉堞后的老兵还是伏在地上的新兵，都有人被炸中，肢体的残片四处飞溅，成团成团地落在长墙上和人身上，炸弹翻起的泥土落下时，给长墙、营帐及活着的士兵都蒙上一层厚厚的、呛人的尘土。随着炮弹的命中率越来越高，长墙内外到处一片浓烟烈火，活像是人间地狱。

这种恐怖的阵势使得一些久经战阵的老兵也恐慌起来，他们不能再保持镇静了，而是争先恐后地钻进地堡；有几个胆大的，还忘不了随手拉一把伏在身旁的新兵。新兵的情况则比较糟糕，他们有的浑身发软，像死人一样紧伏在地上不动；有的被老兵带动，强挣着跟随钻进地堡，一些特别胆小的新兵吓掉了魂，发疯似的哇哇乱叫，像无头苍蝇一样没命地向长墙后面跑去。但跑在前面的几个新兵很快就停住了脚步，因为冯子材铁青着脸，领着一队手执鬼头大刀的执法队杀气腾腾地堵在前面。一看到这种情景，大多数士兵都愧疚地退了回去，只有十余人已被吓破了胆，仍旧不顾一切地向后跑，执法队劝阻不住，只得手起刀落，砍下他们的脑袋。冯子材不顾炮弹在身边呼啸而过，一边走一边对士兵大声叫道："法军如再入关，我等将无颜再见家中父老，我与诸君以死拒敌，人在长墙在，人亡长墙亡！"军士们看到主帅如此坚定，胆气顿壮，也就慢慢安定下来。

这时，尼格里才知道一四三团绕袭大青山失利，气得哇哇大叫，把爱尔明加狠狠地训斥了一顿，然后逼着他率领一四三团，再次攻打东岭各垒，企图重施从东岭居高临下绕袭长墙，配合一一一团作战的故技。

东岭的一、二、三号堡垒，自从昨日失而复得之后，大部分工事遭到法军的破坏，守军只草草修补，仅能挖个地壕掩蔽身子而已。本来，按照陈嘉和蒋宗汉的意思，应该由他们分别接防一、二号堡垒，以挡前敌，但冯兆金死活不肯，一定要率萃字右军各营防守一号堡垒，打击法虏，以报昨日之仇。陈、蒋二将拗他不过，只得让他率军守一号堡垒，陈嘉率毅新军六营守二号堡垒，蒋宗汉率广武军六营守三号堡垒。

爱尔明加受到尼格里的一顿训斥后，深知自己误事，为了将功补过，挽回战局，他决定不再像昨天那样顾恤士兵的生命，即使用士兵的鲜血和生命铺成道路，也要抢占东岭。为此，他将手下的二千余法军越兵集中一路，漫山遍野地向一号堡垒猛扑过来。

冯兆金和萃军将士认出眼前这伙猖獗的敌人就是昨天攻占一、

二号堡垒的那股敌人，仇人见面，分外眼红，当法军刚刚冲到山脚，一些性急的士兵便开枪射击了。冯兆金还叫士兵们将随身携带的先锋煲集中堆在工事上，将青光刀擦得雪亮，准备和敌兵肉搏。法军没有炮火的掩护，又是自下向上仰攻，所以都成了萃军将士的活靶子，随着一声声枪响，不时有敌人失声惨叫，倒在地上。但是，在急红了眼的爱尔明加的催逼下，这股法军仍不顾一切，端着枪，弯着腰，像潮水一样一股劲地低着头往上冲。冯兆金杀得性起，他挑选了一批身强力壮的士兵排在一起，将先锋煲一齐掷向法军，炸得法军鬼哭狼嚎，丢下一片尸首，连滚带爬地逃下山去。但过不了一会儿，这些法兵又被爱尔明加凶神恶煞地逼着，重新冲杀上来。

看到一号堡垒情势危急，陈嘉和蒋宗汉都着急了，他们马上从部下中挑选一批兵勇，亲自带着飞扑下山来援救。恰好西岭守将王孝祺也发现东岭危急，忙命部下骁将、记名总兵潘瀛，挑选兵勇五百人，从山后绕赴东岭助战。潘瀛是个性急气躁的血性汉子，早就看不过法军的张狂劲儿，昨天一天没捞上打仗，已憋闷不过，受命后，就率领军士一溜小跑，从岭后大路下山，冲向一号堡垒。路上，他跑得浑身燥热，就干脆把衣服脱了，赤裸着上身，手提两把鬼头大刀，当先冲入敌阵。

这时，法军已冲上半山，一号堡垒守军的弹药已经打光，先锋煲也已掷完，冯兆金看着仍旧像潮水一样蜂拥而来的法军，霍地扬起手中的青光刀，对着将士高喊："丢失营垒当斩，与敌搏战亦死，不如痛快杀敌，以报皇天后土！"说完，他身先士卒跃出战壕，猛虎般地向半山上的法军扑去。众将士也一声呐喊，拿刀的拿刀，挺枪的挺枪，紧跟着冯兆金扑下去。法军也龇牙咧嘴，挺着刺刀，嘴里叽里咕噜地嚎叫着迎杀过来。双方兵对兵、将对将地厮杀。法军强悍，而且训练有素，又是志在必得，所以杀得十分凶狠；萃军虽然人多，但训练不足，只凭一股报国热情作战，所以打得也十分吃力。正酣斗间，陈嘉、蒋宗汉、潘瀛等将率援兵来到，他们看到一号堡垒危急，已是急红了眼，一声齐喊，就猛扑敌阵，砍瓜切菜似的杀将开来。不一会儿，潘瀛的鬼头刀就连斩三个法兵，死人的鲜血溅满他一身，从上到下被染成一个血人；陈嘉则不愧"单眼虎"的称号，他一手提刀，一手拿一支六轮手枪，在敌阵中刀劈枪击，大显神威。激战中，他的手臂和腿部受伤四处，鲜血淋漓，但只叫亲兵帮助简单包扎一下，又向法军扑去。一时间，杀得一号堡垒血肉横飞，尸横遍野。

突然，山下响起法军撤退的军号声，正在顽强拼杀的法兵无心恋战，回头就向山下退去。清军跟踪追下，却被山下的法军用

猛烈的火力封锁，只得停止追击，眼睁睁地看着敌人逃掉。

在夺取一号堡垒的紧急关头，为什么爱尔明加却吹号撤军呢？原来是长墙前的战斗发生了变化。

当第一轮排炮发射完后，尼格里就命令号兵吹起冲锋号，早就埋伏在长墙对面谷地的一一一团士兵和越南士兵憋足了劲头，发出一阵吓人的叫喊声，一个个就像饿狼一样，端着枪发疯也似的向长墙冲杀过来。

听到敌人的叫喊声，冯子材身手敏捷地跑到一垛雉堞旁，从洞孔中往外张望，看清楚确实是法军冲过来后，就连忙去叫唤那些被炮火震撼得昏头昏脑的士兵。一听说敌人冲过来了，首先是一些老兵冲了出来，将枪支伸出雉堞外，接着，新兵也从地堡里陆续出来，站回各自的位置，有些性急的还"啪啪"地扳动扳机，就要射击。冯子材止住他们，大声命令说："让他们冲近些，听我的命令再开枪！"

士兵们镇定下来，仇恨的目光注视着越冲越近的敌人：白人士兵的肤色白得瘆人，黑人士兵黑得像一截烧焦了的木桩子，越南士兵则一个模子似的黄皮寡瘦、颧骨高突的脸孔。一千米、五百米、三百米、二百米，看看法兵已冲近一百米的距离，士兵们可以清楚地瞄准他们的胸膛，冯子材才发出射击命令："打！"

他的话音刚落，一排子弹就呼啸着飞向冲在前面的法军，随着一迭声的惨叫，前排法兵像被拦腰割断的草棵一样倒下去了。未待跟在后面的法兵回过神来，第二排、第三排子弹接连飞来，法兵一排排地惨叫着，栽倒地上。未被击中的法兵见势不好，都停住了脚步，有的就地卧倒，在树木草丛的掩护下向长墙射击，有的则向后退却，寻找可以掩蔽身子的地形，也不住地向长墙射击。

看到法军的第一次冲锋被击退了，站在关上观战的尼格里气得直跺脚，又唤来炮兵司令，指着长墙恶狠狠地说："给我轰，狠狠地轰，轰它个稀巴烂！"

法军的排炮又向长墙轰来，这次瞄得更准，射击的时间更长，长墙又淹没在一片火海和烟雾之中。虽然守军这次已有经验，当第一排炮弹袭来时，就纷纷撤离雉堞，躲到地堡里去，但泥筑的地堡毕竟挡不住大炮的轰击。未及躲避的士兵仍然有不少被炸得肢体破碎，血肉横飞；已经躲进地堡的士兵，有些也因炸弹把整个地堡炸坍而被活埋在里面。一时间，伤员的痛苦呻吟声到处可闻，阵地上一片血肉模糊。冯子材没有躲进地堡，他在亲兵的保护下，仍在阵地上巡视，也是他命大，曾有好几发炮弹就落在他身边，但都被他及时地避开了，所以仍是毫发未伤。不过，看到将士们在炮火下挣扎躲避，他觉得十分难过，泪水不知不觉地流满脸颊。

　　法军的炮火好像持续了很久，当它突然停止的时候，守军却久久未能清醒过来。抓住这个机会，原来躲伏在长墙前面不远的法军前锋，从地上一跃而起，飞快地向长墙冲过来，冲在最前面的几十人已经到了长墙的边上。

　　在这种情形下，再从容指挥反击已来不及了，情急之下，冯子材朝左右亲兵一挥手，大喊一声："跟我上！"就拔出腰间的佩剑，挥舞着跳出长墙，向法军扑去。冲在前面的法兵见长墙内突然跳出一个人来，不觉愣怔了一下，停住了脚步，但他们久经训练，马上又不约而同地举起枪向冯子材射击。在这千钧一发的时刻，紧跟在冯子材身后跳出长墙的亲兵刘治龙，一个箭步冲上前，挡在冯子材身前，只见法军一排齐射，刘治龙的身子被打得像筛眼一样，浑身冒血，一声不哼就倒在地上死去了。当法军第二次扳动枪机时，另一个亲兵许炳煊见势不妙，也飞身上前护住冯子材，法军又是一阵排枪，许炳煊身中十几枪，惨叫一声，也倒地死去。就在这时候，冯子材的其他亲兵已经拥到，他们一齐开枪，将那十几个法兵撂倒了。这时，其他将士已经回过神来，纷纷从地堡里钻出来，他们看到主帅危急，都奋不顾身地扑出长墙，挺起刀枪截住法军厮杀，很快就将冲在最前面的几十个法兵干净利落地消灭了。跑在后面的法兵则被长墙和西岭守军射出的猛烈火力拦截，丢下一片死尸，又退了下去。冯子材这才在亲兵的簇拥下。退回长墙，将士们看到他并未伤着，才放下心来。

尼格里看到法军的第二次冲锋又失败了，心中更急，又唤来炮兵司令，要他继续炮轰长墙。炮兵司令却急得满头大汗，结结巴巴地向尼格里报告：炮弹已经全部打完。这时，尼格里才知道运输队并没有按照原订计划运送足够的炮弹前来，他的心猛地向下一沉，他知道，如果没有炮火的支援，人数占绝对劣势的法军对数量多达十倍的清军就构不成严重的威胁，搞不好，还会被对方消灭掉。情急之下，他决定孤注一掷，趁对方未明虚实前发起最后的冲击。于是他慌忙命令一四三团停止进攻东岭，转而加入一一一团进攻长墙的行列，共同发起攻击。这就是爱尔明加放弃进攻一号堡垒，撤回一四三团的原因。

一一一团得到一四三团的增援，人数多了一倍，士气大增，随着冲锋号的再次吹响，法军成密集队形向长墙冲来。虽然在他们的队伍中不时有人被清军的枪弹击倒，他们仍像一群赌红了眼的亡命徒一样，不顾一切地拼命冲锋。

看到敌军黑压压一片地冲杀过来，守军也知道决战时刻就要来临，冯子材、苏元春、陈嘉、蒋宗汉、王孝祺等将领都摩拳擦掌，紧张地注视着越冲越近的敌军，随时准备率领将士冲出去和法军

厮杀。

就在这时，一个振奋人心的消息传遍了长墙和东西岭："潘巡抚亲率援兵来了！"众将士回头一看，果然望见一彪军兵奔驰而来，队伍中赫然露出潘鼎新的帅旗。原来，昨天接到冯子材的告急信后，潘鼎新先派苏元春率陈嘉、蒋宗汉等军于当天赴援，他自己则留在后路，紧急召集散驻龙州、艾瓦、海村等地的方友升、魏纲等部及麾下的淮军，共得一万余名，并令主持后路转运事宜的广西按察使李秉衡迅速调集大批粮草弹药赶运前敌，这才于初八那日亲自率军来援关前隘。

由于军情紧急，冯子材、苏元春与潘鼎新匆匆见礼，简短地禀报战况后，就指挥新来各军进入阵地。这批生力军的到来，使长墙守军如虎添翼。全线兵力增至三万余人，与法军相比占了绝对的优势。随着冯子材的一声令下，长墙的各个先锋栅门大开，清军如破闸的潮水汹涌而出，发出惊天动地的怒吼，向法军猛扑而去。东岭和西岭的守军看到长墙守军已发起冲锋，也不甘落后，都居高临下向法军冲去。正向长墙疾奔而来的法军想不到清军会来个反冲锋，一时不知所措，冲在最前面的几十人很快就陷入清军的包围中，两下子都被杀死了。冲在后面的法军训练有素，他们很快镇静下来，一部分人忙用机枪、快枪齐射拦截清军，一部分特别凶悍的，则哇哇乱叫，挺着刺刀找清军厮杀。清军人数虽多，却不是一下即能全部上前，真正能与法军交手的只是一部分，于是双方混战一团。

突然看到对方阵地上冲出那么多士兵，尼格里不觉大吃一惊，因为从各个方向涌出的清军，就像一条条川流不息的江河，很快就汇成一片汪洋大海，与之相比，四千余人的法军显得那么薄弱，那么渺小，就像被大海包围的几座孤零零的小岛。开始，尼格里还强作镇静，自我安慰地想："法军良好的军事素质将会大大弥补数量上的不足。"希望法军仍像以往那样能够击退清军，他甚至还想将作为总预备队的二十三团兵力投入到战斗中去。可是，二十三团团长寿非却向他报告，从油隘和扣波等方向都发现大批清军绕道袭来。尼格里这才醒悟到法军处境的危险，如不立即撤出战斗，整个旅团都有被包围和被歼灭的可能。于是他改变了主意，改令二十三团集中火力掩护————团和一四三团撤退。

寿非接受任务后，马上命令养精蓄锐的士兵在镇南关下两侧布防，用机枪和步枪火力搭配成密集的火网，拦截冲杀而来的清军，中间却留出一条大道，让一一一团和一四三团撤到镇南关上。清军虽然报仇心切，奋勇杀敌，但血肉之躯毕竟敌不过杀人的子弹，在追杀了几百落在后面的敌兵后，终于被敌二十三团的密集火力

压住，只得眼睁睁地看着法军狼狈败退。

当晚，潘鼎新、冯子材、苏元春三人联名打电报，兴奋地向清政府报捷："计自初六以至初八一场恶战，实历三昼夜之久，然后大获全胜。毙敌千余，擒斩数百，并夺取枪炮、饼干不计其数，追至关外，入夜方行收队。法虏经此次大创，尸横遍野，器械遗弃，为入越以来罕有大败，洵足以慑敌胆而震天威！"

按照冯子材的想法，清军应该乘胜出关追击，收复失地，不让敌军有喘息的机会。但潘鼎新看到萃、勤等军苦战三天后，将士疲劳，就以上司的身份，逼着冯子材答应在镇南关休整一天后，才于初十日，由萃军打先锋，向文渊方向追击而去。

文渊是谅山法军的前哨阵地，二月初五夜，萃军、勤军和楚军曾挑选奋勇前去偷袭，遭到法兵的拼死抵抗，所以，这次冯子材也预想到会有一场激烈的厮杀，但出人意料之外的是在沿途都没有遇见一个法军。直至文渊附近，当冯子材部署部队，准备发起总攻时，从文渊街里跑出一个人，高举双手对着萃军大喊："法虏已经跑啦！法虏已经跑啦！"大家认出，这人就是冯子材事先派到文渊侦探法军动静的蒙大，于是发出一阵欢呼，涌进了文渊。

文渊虽然是越南谅山省的一个州治，但并没有城池，除了一些越南百姓居住的茅屋竹舍外，就是几间法军的营房和仓库，还有孤零零地建在山坡上的三座碉堡，在清军袭击文渊时，这些建筑都遭到了严重的破坏。在镇南关遭到惨败后，尼格里认为文渊已不能再守了，于是就放弃了文渊，而将全军撤回谅山布防。所以，萃军才能兵不血刃地收复了文渊。

天公不作美。萃军收复文渊后，略作休整，正想继续进军谅山时，天上却下起了倾盆大雨。滂沱大雨冲刷着山岭、丘陵和道路，密集的雨幕把一切都淹没在白茫茫的水帘中，远远近近一片空蒙，到处都泥泞不堪，继续进军已不可能，萃军只得在文渊停了下来。

这场大雨连续下了两天两夜，直到十二日才放晴。憋了两天劲的萃军在冯子材的率领下，精神抖擞，士气高涨地向四十里外的谅山挺进。

谅山位于淇江的南岸，虽然是个省会，却只有一座很简陋的城池。当桂军入越抗法时，前后两任广西巡抚徐延旭、潘鼎新都将谅山作为大本营和辎重集散地，直至光绪十年十二月，才被法军集中两个旅团将它攻克。后来，尼格里也把它作为旅团司令部的驻地。

与谅山遥遥相对，位于淇江北岸的是驱驴墟，那里地势险要，清军曾筑垒设防。法军攻占谅山后，大力加固驱驴墟的防务，把它作为屏障谅山的外围据点。从镇南关败退回来，尼格里预料清

军必定会乘胜来攻，因而集中了全旅团兵力五千人和所有大炮，在驱驴墟严密布防，严阵以待。

未待萃军行近谅山，远远就听到激烈的枪炮声，原来早在他们之前，王德榜已率领楚军从油隘逼近谅山，与法军接上了火。冯子材登高望去，只见驱驴墟两边是山坡，法军在上面修筑了碉堡，中间是一条大路，可直达驱驴墟，法军将驱驴墟用工事围起，变成一个大型碉堡。当楚军逼近时，驱驴墟寨门大开，一股约五百人的法军冲出迎战，两军互施枪炮。战了一会儿，法军似有不支，弃阵向寨门撤去，楚军一声呐喊，大队人马向寨门冲去。眼看冲近寨门，突然法军从中间大堡和两旁山坡上的碉堡里一齐射出密集的枪弹，把楚军裹进枪林弹雨中，一下子就倒下了一大片。楚军中了法军的诱敌之计。冯子材看到楚军危急，就回头问身边诸将："谁人领兵前去救援？"

从他身后站出他的三子、以同知衔管带中军左营的冯相荣说："父帅，孩儿愿领兵前去。"

冯子材赞赏地点点头说："好，小心去吧！"

冯相荣回身率领中军左营将士，一马当先向驱驴墟冲去。孰料尼格里精心布防，火力远近配备，未待冯相荣冲近，法军的大炮已向他轰来，在他身旁不断有炮弹爆炸，不一会儿，一片炮弹击中他的坐骑的脑袋，只见那马儿惨嘶一声，一个直立把冯相荣从马背上摔下来，马儿也猝然倒地死去。军士们连忙冲上前去，把冯相荣抢救回来，幸好没有受伤。

冯子材的第五个儿子、也以同知衔管带中军右营的冯相华看到哥哥受挫，义愤填膺，挺身而出，要求率军继续攻击法军。冯子材摇摇头说："法虏据险顽抗，只宜智取，不可力敌，以免徒伤精锐。"说完，他唤来前军督带杨瑞山，后军督带麦凤标说："你二人各带本部人马，从上游绕路渡江，埋伏在谅山城外山上，明日清晨即攻打城池，扰敌后路，配合大军进攻。"

二将领命而去。

这时，苏元春等将亦率桂军赶来，看到法军炮火猛烈，难以冲近，苏元春来向冯子材问计。冯子材沉思一下，指着对方阵地说："法虏炮火集中在中路，左右两翼则较弱，我军可缓攻中路，全力攻其左翼。待明日杨、麦二将攻城，敌方回救时，再乘虚取其中路。"

计策已定，各军除留王德榜一军继续佯攻中路外，其余各军则集中兵力进攻法军的左翼，并模仿法军的战法，先用炮轰，然后大队冲锋。法军的左翼设在一个低矮的山坡上，由爱尔明加指挥一营法军和一团越南兵约一千人防守，筑有坚固的堡垒和战壕，

但由于尼格里已将大炮全部集中在中路，因而左翼无炮，而且有山坡阻挡视线，中路炮火也难以支援。在清军炮火的轰击下，左翼的碉堡及战壕很快就被轰坍了，等到清军发起冲锋时，越南兵首先惊慌溃逃，余下的一营法国兵在爱尔明加的指挥下虽然仍负隅顽抗，但也频频向中路求救。

坐镇中路的尼格里，原先采取的战术是出兵挑战，然后佯败，引诱敌军来攻中路，再集中炮火聚歼。用这个办法，杀伤了楚军的不少人马，正自以为高明，扬扬得意，却接到左翼的告急，心里大吃一惊，知道清军已看破他的计策，不再上当。于是慌忙指挥一个团的步兵和一个炮兵连，冲出寨门，准备增援左翼。攻击左翼的清军人多势众，看到法军中路出兵来援，也调转炮口轰击，并分出一部分人马前来迎敌。在混战中，一颗子弹击中了尼格里的前胸。他跌倒地上，鲜血直流，被军士抢救回去，士兵也随着退回驱驴墟。爱尔明加看到救兵退走，无心恋战，遂率军弃阵而逃。清军看到法军阵地的枪声越来越稀疏，知道敌军失去抵抗，就蜂拥而上，想夺占左翼。不料想这时的左翼阵地已成为中路法军炮火的靶子，清军的旗帜刚一插上，就遭到法军排炮的轰击，清军立脚不住，只得暂时躲藏在法军炮火打不到的山坡下。战局僵持，直到天黑。

当晚，身受重伤的尼格里被送回谅山城内救治，当他从昏迷中苏醒过来后，自知已无力继续指挥战事，便唤来爱尔明加，委托他全权代理指挥官职务。

爱尔明加与尼格里年纪相仿，是军校里的同学，不过在毕业后，尼格里到部队参加实战，他却长期留在巴黎陆军部里担任参谋工作，由于没有战功，所以军阶晋升较慢，只是一个中校。法国筹划远征越南北圻时，他就要求到前线来，恰巧尼格里也想照顾一下老同学，就同意把他调来当团长。他到达越南时，正碰上法军进攻清军据守的谅山，以后又参加进攻镇南关的战斗。虽然在这些战斗中，法军都取得了胜利，但清军的顽强抵抗也给爱尔明加留下了深刻的印象。这次参加攻打关前隘，爱尔明加两次率军攻打小青山，都大败而归，吃尽了苦头，特别是法军狼狈撤退的一幕，使他余悸未消。白天在左翼作战，他亲眼看到清军人数众多，士气高涨，并已配备攻城利器大炮，心里早就担心法军会重蹈关前隘被围的覆辙。而在他接替尼格里担任指挥官职务并通过电报得到波里也的认可后，他又接到报告，清军已分兵渡过淇江，有绕袭谅山的迹象。爱尔明加知道，法军主力全部集中在淇江北岸的驱驴墟，谅山只留有少量的警卫部队，但却有法军的司令部、军火仓库、医院、粮仓，包括留作军费用的十三万银元。如果继

续战斗下去，就需要放弃驱驴墟，将兵力收缩回谅山，但在仓促之间，又很难在谅山部署坚固的防御，这样，如清军大部队追击前来包围谅山的话，法军的处境仍会十分危险。越往下想，爱尔明加越觉得战事没有希望，于是，他做出一个决定：全军撤出谅山，分两路退向船头和郎甲。当他把这个决定告诉再次从昏迷中清醒过来的尼格里时，尼格里虽然认为不妥，但已没有精力反对。爱尔明加又通过电报向波里也报告，为了避免接到波里也反对撤出谅山的命令，发报后，爱尔明加下令将电报线割断。

在夜幕的掩护下，驱驴墟的法军根据爱尔明加的命令，偷偷渡过淇江回到谅山集结。在那里，第二旅团分为两部分，爱尔明加率领一部分军队撤往郎甲，寿非率领另一部分军队撤往船头。为了避免引起清军的注意，爱尔明加禁止士兵点火和发出响声，一些无法携带的物资，包括大炮、粮食、弹药、银元，爱尔明加命令士兵全部抛进淇江。夜晚十点钟，爱尔明加率领所属部队离开谅山，十一时，寿非也率领部队离去。十一时十五分，走在最后的几个士兵，锯断了飘扬在城头的法国三色国旗的桅杆，从地上将国旗收起装进背包，也离开了谅山。这时，谅山已经没有一个法兵了。

二月十三日五更，埋伏在谅山城外的杨瑞山率军发起进攻，号鼓一响，枪炮齐鸣，打了半天，却没有丝毫反应。杨瑞山好生纳闷，挑选几个奋勇攀登城头，才知道法军已连夜撤走，这几个奋勇马上打开城门，让杨瑞山率军入城。杨瑞山指挥兵丁在全城搜索，一个法军都见不到，却在法军的军火仓库里，缴获他们遗留在那里的大批枪械，计有：神机炮五座，后膛开花炮八尊，大小铜炮共二十尊，大小开花炮码子九百五十颗，钢炮子约三千颗，前膛开花炮一座，以及几百支烂枪炮架等杂物。后来查明，这些东西大部分都是法军在几次打败清军时缴获的战利品。

既克谅山，杨瑞山忙派人将喜讯报告冯子材。而冯子材等正集中火力，轰击驱驴墟的法垒，空费许多弹药，闻报才知法军已经逃跑，不觉大喜，赶紧指挥大军浩浩荡荡地渡过淇江，进入谅山城。

第五章

著名的镇南关大捷

谅山城意外顺利的收复，既给胜利者带来无比的喜悦，也把一个难题提前摆到他们的面前：下一步怎样行动？是集中兵力向一路追击，抑或是分兵两路追击？无论是合兵或是分兵，数万大军在行进中如何协调行动，以免被法军各个击破？尤其重要的，是追击法军将到何处为止，北宁？河内？顺化？西贡？对于这些问题，冯子材、苏元春虽然召集诸将议论了半天，终因事关重大，需请示当时尚在后路的潘鼎新才能决定。结果，只由冯子材派把总梁有才管带后军左营，都司冯绍珠管带后军右营，顺着郎甲方向追击而去，以都司刘积璠管带的前军左营为接应；苏元春则派陈嘉率本部兵马顺着船头方向追击下去，而以王德榜的楚军为接应。其余各军则仍驻谅山待命。

大雨过后，天色放晴，灿烂的阳光扫除了天空的阴霾，晒干了地上的水渍，空气清新。城外，草木青翠，春花怒放，连在大雨时汹涌浑浊的淇江，也变得纯净碧澄，缓缓地向前流淌。

经过连日的操劳辛苦，冯子材也感到有些疲劳了，他由两个儿子和亲兵陪伴，顺着淇江慢慢散步。远处，一群萃军将士闹闹

嚷嚷地下河洗澡。是呀！将士在关前隘苦战几天，进军谅山又遭遇大雨。浑身衣服湿了又干，干了又湿，并溅上不少泥浆，一直没有机会好好洗涤。现在松弛下来，这些生长在海边，习惯天天洗澡换衣的人，面对清澈碧透的河水，怎能不浑身发躁，皮肉发痒，脱掉衣服好好下河痛快地洗一洗呢？看到这番热闹情景，冯相荣和冯相华忍不住了，也嚷着要下河，冯子材干脆叫亲兵们也一起下去乐一乐，自己则在河边捧水洗净了脸颊和手脚，找了一块阴凉地方坐下，含笑地看他们戏水。

冯相荣和冯相华自小水性就很好，但因冯子材军务繁忙，很少带他们去游水，现在老父就在岸上望着，二人免不了想显露一下。开始，他俩还只是拘谨地在河边互相泼水，渐渐兴起，就像两条水中蛟龙一样，时而像蝴蝶一样起劲扑水，时而像青蛙一样舒缓慢游，末了，还互相追逐起来，弄得水花四溅，有时看到对方追逐太急，还一个猛子扎到水下，潜游到对方背后，反客为主地发起攻击。

突然，刚潜入水的冯相华从水中冒出来，一只手打水，一只手捂着脑袋"哎哟、哎哟"地叫痛。冯相荣赶紧游过来扶着他，关切地问："怎么啦？"

冯相华指着水下，扫兴地说："我给一件硬东西碰了一下，痛得要命！"

冯相荣笑了："是不是碰到石头了，还说你水性好呢？"

冯相华摇摇头："不像是石头，倒像是一根管子。"

冯相荣诧异了："河里哪来的管子？我下去看看。"说完，他屏住气，在冯相华浮起的地方，慢慢地潜下去。冯相华也忘记了疼痛，瞪大眼睛盯着他潜下去的水面。不一会儿，冯相荣就浮出水面，他一面用手抹着流淌在脸上的水珠，一面兴奋地说："好像是一条炮管！"

"是吗？"冯相华被这个消息惊住了，只说了一句，"让我再下去看看。"说完，深深地吸了口气，又潜了下去。等他再冒出水面，就马上用兴奋得变了调的声音大喊："是一门炮！是一门炮！"

听到冯相华的叫声，冯子材忙站起来，向兄弟俩大声问："什么事？"

两兄弟也大声回答："父帅，水下有一门大炮，可能是法军丢下的！"

听到这样说，冯子材不禁双手用力一拍说："我怎么没想到法军会把搬不走的东西丢到水里呢？"他大声招呼在另一处游泳的亲兵："你们快潜下水去，看看还有些什么东西。"

亲兵们领命，一个个像鸭子一样潜下水，很快，有的手里拿着一支步枪，或是一条子弹带，甚至拿着一瓶洋酒浮了上来。有的也空着手，但却连声说："下面有大家伙！下面有大家伙！"

冯子材见状，就叫过两个没有下水的亲兵，一个去把在别处河边游水的将士全都叫到这里来，下水去打捞；另一个则沿河找船民要船，驶来这里帮助打捞。

很快，整个河面沸腾起来，光着身子的将士浮浮沉沉，将法军丢弃在河里的军火、粮食、银钱，甚至有几门新式大炮都捞了上来，湿漉漉地在河边堆成一座小山。

翌日一早，正当冯子材准备步出中军营帐，前去河边察看打捞情况时，蒙大就带着一个身穿越南官服，年约四十岁的人进来拜见。一见面，这人就拜伏地上，哭泣哀求："冯大人，快拯救越民出水火吧！"

冯子材认得，这人名叫黄廷金，五年前，当冯子材奉命率军入越剿捕李扬才时，他是谅山省的一个县令，带着民伕来给清军当差，从而得以拜识冯子材。现在，他已升任谅山省布政使，当法军侵犯北圻时，他不愿当亡国奴，就协助援越桂军，出面筹办粮秣、征集民伕等。法军攻占谅山，桂军退走后，他成了法军通缉的对象，一直躲藏在民间，组织抗法武装，坚持抗法斗争。冯

子材初到关前隘踏勘时，就听蒙大提到过他，曾叫蒙大代为联络。这次，清军收复谅山，蒙大就把他找来见冯子材。现在，看到黄廷金的这种情景，冯子材也眼睛发潮，趋前扶起他说："我们不是来了吗！"

黄廷金向南方指了指说："北宁、河内的子民都度日如年，似天旱盼望虹霓一样盼着天朝大军前去解救呢！"

冯子材连连答应："百姓受苦了，我军这就前去，这就前去！"

黄廷金万分感激地说："这就好了！百姓到时一定箪食壶浆，以迎王师。大军何时起程，下官愿效前驱！"

冯子材问："你手下现在共有多少人马？"

黄廷金面露愧色说："越南官民中不愿当亡国奴的人比比皆是，奈何无将无械，无粮无饷，未经训练的乌合之众，仅恃竹枪白梃，实难敌枪炮精利的法虏，故时聚时散，终无成就。"

冯子材微露失望的神色，他严肃地问黄廷金："如我军助以饷械，你兵能战否？"

黄廷金肯定地答道："能！"

冯子材说："那你快去点齐人马，前来谅山省城集结，按人发给饷械，跟随大军作战。"

黄廷金应道："下官遵命！"

送走了黄廷金，都启模又引来一个客人，这人也有四十余岁，穿着中国的服饰，一见面，他就诚惶诚恐地跪倒在冯子材面前："大帅，请恕小的死罪！"

冯子材有点手足无措了，望着都启模问："这是谁呀？"

都启模含笑答道："您认认看。"

等那人抬起头来，冯子材费劲地端详了半天，才惊叫起来："这不是李二吗？"原来，冯子材任广西提督时，麾下有两员骁将是两兄弟，大哥名叫李扬才，官至记名总兵，弟弟叫李二，官至参将，祖籍灵山县，与冯子材算是同乡，颇得信任。当刘坤一等排挤冯子材时，李氏兄弟也受牵累去职，后因无以为生，遂愤而反出越南。冯子材奉命入越剿捕，擒斩李扬才，李二却侥幸逃脱。他化装混入旅越华人之中，在北圻一带经商谋生。法军并吞北圻后，已定居河内的李二不忍法军的肆虐，就暗中联络旧日伙伴，密谋在河内起事。但势孤力单，未敢轻举妄动。这次，闻知冯子材领兵抗法，李二就想前来联络，又怕冯子材未忘前嫌，只得先走都启模的路子，经都启模从中斡旋，冯子材答应与他悄悄一见。

李二见冯子材还认得他，悲喜交集地说："小的以前误入歧途，还望大人宽恕！"

冯子材宽容地说："此一时，彼一时，如今国难当头，凡我子民，

理应同仇敌忾，共逐法虏才是。"

李二慨然道："小的早有此志，可惜未能遂愿罢了。"

冯子材问道："你手下现有多少人马？"

李二道："法虏占据河城后，视华人如同囚犯，动辄没收家产，捉人入官，以致华人惶惶终日，无以为生，咸怀愤恨，意欲一拼。小的已暗中联络得三千余人，只待大军攻下北宁，进逼河城，即可举事响应。"

冯子材边听边点头，高兴地说："如此甚好！"

李二问："不知大军何时进取河城？"

冯子材答道："大军数日内即能成行，你且回河城，多联络各方志士，大军进逼河城之日，我将遣蒙大潜往河城找你。"

二月十五日，盼望已久的潘鼎新终于赶到谅山，冯子材和苏元春赶紧前去参见。这时的潘鼎新虽然风尘仆仆，但已没有往日那种委顿颓废的神情了，一见面，就满脸春风地对他们二人说："二位将军力克强敌，收复失地，大振军威，震慑敌胆，真是劳苦功高，勋劳卓著，本部院已电奏朝廷请功，不日当有好音传到。"

冯子材和苏元春道过谢后，便与潘鼎新谈起追击法军的事情。这时，前敌捷报频传，梁有才、冯绍珠已先后收复百里外的观音桥和屯梅，陈嘉则收复了委街、山庄，逼近谷松了。

潘鼎新听完，就说道："事既如此，分兵之势已成，自应两路追击为是，可仍由萃军、勤军向郎甲一路，桂军、楚军、鄂军向船头一路。不过，两路人马要随时联络，如一路受阻，另一路即应援救，不得再如以前那样误事。"

冯子材和苏元春连连点头，接着，又向潘鼎新请示出兵日期。

潘鼎新脸有难色地说："法虏此时如同惊弓之鸟，照理我军应乘胜追击，越快越好才是。奈何路途遥远，粮草辎重运送不及，一有缺乏，前敌顿成饥军，不待敌攻，即已自溃，还须筹划万全，方能不致贻误。"潘鼎新顾虑的也是事实，从越南的北宁、谅山及至中国境内的凭祥、龙州，由于大军连年驻扎，战事不断，生产遭到严重破坏，粮秣缺乏，百物腾贵。长期以来，边军供给，全靠内地艰难运送到龙州转运。如再追击下来，补给线更长，加上道路难行，需靠人挑马驮，很难满足需要。潘鼎新迟迟未能赶来谅山，就是在后路安排转运的缘故。

正议论间，一个亲兵进来报告："圣旨到！"

潘鼎新高兴地对二人说："可能是朝廷下旨嘉奖二位将军了！快备香案迎接！"

香案备好，由李秉衡手下的一个差官捧旨宣读，这是二月初八朝廷颁下的电旨：

谕：关外官军上年十二月及本年正月间迭次挫失，巡抚潘鼎新身为统帅，虽经亲临前敌，并受枪伤，惟未能策励诸军力图堵御，实属调度乖方，潘鼎新即行革职。苏元春屡著战功，任事勇往，著督办广西军务。广西巡抚，著李秉衡暂行护理。

潘鼎新乍闻旨意，犹如晴天霹雳，顿时脸色苍白，两腿发抖，浑身软瘫，几乎跌倒地上，幸亏在旁亲兵赶快上前搀扶，才颤巍巍地站了起来，但整个人像老了十岁一样变得憔悴衰弱，原先那种意气风发的神情已荡然无存。冯子材在一旁看着，心里很不是滋味，虽然他和潘鼎新相处不久，开始时还不甚融洽，但在筹划关前隘之战时，如无潘鼎新的处处配合，整个战事也不会如此顺利，何况当激战时，潘鼎新还亲自率队赴援，就更是难能可贵。想到这里，他对潘鼎新充满了同情："潘大人也真倒霉，打了胜仗却落个革职处分。"

苏元春跟随潘鼎新的时间较长，而且得到潘鼎新的特别信任和提拔，在半年多的时间里，就由一个记名提督升到今天的地位，所以对潘鼎新感情较深。看到潘鼎新的这副惨相，他不但没有丝毫升官的喜悦，反而惊慌失措地上前帮忙搀扶潘鼎新，嘴里语无伦次地说："这是怎么回事？这是怎么回事？"

原来，潘鼎新是淮系的重要成员，在中法战争中，淮系头子李鸿章因为主持对法交涉失败，遭到朝廷传旨申饬的处分，另一淮系重要成员张树声又受北宁战败的牵连被革职处分，因此，淮系势力遭到重大的挫折。这时，张之洞出任两广总督，他深受朝廷的信任，并有意与李鸿章分庭抗礼，加上湘军出身的钦差大臣彭玉麟又怀有浓重的派系门户之见，二人就有意无意地为难潘鼎新。如张之洞在赴任之始，就在桂军中物色人员监视潘鼎新，利用各种借口调走潘鼎新部下的将领等。二月初六，他抓住杨玉科战死，桂军在谅山和镇南关连遭败挫的机会，和彭玉麟联衔密奏清政府，攻讦潘鼎新不能胜任广西巡抚和督办广西关外军务的重任，要求清政府免去潘鼎新的职务，清政府纳奏，于初八下旨。但由于当时通信落后，这道电旨迟至十五日才送达潘鼎新手中，于是上演了一场打胜仗后遭革职的闹剧。

这时，潘鼎新已从最初的打击中逐渐恢复过来，他泪眼婆娑、声音哽咽地对冯子材和苏元春说："老朽无能，一载徒劳，无裨时局。谅山一役，得失分明，朝廷仅予罢归，俾得生还故里，天恩高厚，图报无由。毁誉听之于人，是非断之于己，悠悠之口，何与身心？二位将军锐志勋名，备历艰险，浴血奋战，百折不回，

万望矢志不渝，再接再厉，边关安危，全寄托在二位身上了。"

苏元春见状，悲从中来，忍不住暗自垂泪。冯子材心里也不好受，但在纷乱之中，他却想起一件事，于是追问潘鼎新："潘大人，我们刚才商议的追击法军一事可怎么办？"

潘鼎新双手一摊，无可奈何地摇摇头："老朽无职无权，此事已不容置喙了！"

冯子材心中一急："莫非就此罢了不成……"

未待潘鼎新回答，站在一旁的差官就用一副公事公办的冷漠语气催促道："潘大人，李护抚正等着您回海村交卸呢！"

潘鼎新闻言，面如死灰，他重重地叹了口气，一言不发，转身就跟差官走了出去。望着他远去的背影，冯子材心中升起一种不祥的预感："弄不好，追击法虏一事就会泡汤了！"

冯子材的预感并非全无道理。

苏元春奉旨升为督办，然而他的资历太浅，不但远不及同治元年即任广西提督的冯子材，也比不上同治四年即授福建布政使的王德榜，仅与王孝祺诸将相若。因而诸将有所不服，王德榜甚至托病，丢下军队回龙州就医。苏元春自己也明白这一点，所以在军事上除了遵循潘鼎新定下的分兵追击方案外，并不敢大胆放手指挥战事。倒是冯子材侦悉法军援兵将至，深知法军如果反击，必将集中兵力进攻一路，而清军兵分力单，恐难抵敌，如能得胜固佳，倘若再败，未易收拾。因此极力主张苏元春，应趁法军惊魂未定，立足未稳，及早出击，机小可失，守不足恃。等萃军攻下郎甲，桂军攻下船头后，及时合兵一路，再长驱直取北宁。为此，在得到张之洞的支持后，他曾派蒙大叫李二潜入北宁城待机策应，答应在收复北宁后，赏银十万两，保举三品官。苏元春听从冯子材的意见，答应及早出兵追击法军，但后路辎重粮草却迟迟运送不来，原来主管后路转运的潘鼎新和李秉衡都忙于交接职务，无暇顾及，对于前敌的催促，李秉衡只轻描淡写地答复："似宜布置妥协，再图进取。"冯子材几次定好出兵日期，都因粮草弹药不足而被迫改期。

在苦苦等待了十天，潘李二人交接清楚后，辎重粮草才源源运到。二月二十五日，冯子材与苏元春最后一次商讨今后的联络方法后就准备各自领军分头出击。这时，电报生却送来了张之洞的急电："奉二十二日电旨，和约业经签定，三月初一停战，十一日撤兵回境。"原来，法军在镇南关、谅山大败的消息传到法国首都巴黎后，朝野震动，法国议会立即召开紧急会议，弹劾挑起侵华战争的罪魁祸首——法国总理茹费理。茹费理被罢免后，法国政府放弃了曾经一直坚持要中国赔款的无理要求，与中国签

约议和。

苏元春大声念完这份电报后，随手就把电报递给冯子材。

当他的目光落在冯子材身上时，差点惊呆了，只见冯子材浑身颤抖，胸膛激烈地起伏，飘忽在胸前的胡子根根翘起。再往他的脸上看去，冯子材的脸色铁青，鼻孔翕动，喘着粗气，他突然狂怒地大喊："难道这么多将士的鲜血都白流了吗？"

听到冯子材的喊声，原来守在帐外等候开拔命令的将弁都拥进帐内。听苏元春说完原委后，站在最前面的陈嘉激动地朝地上一跪，伸手拉开外衣，露出浑身伤痕的身子，仅剩的一只眼睛闪动着泪光对着冯子材和苏元春愤愤地叫道："请二位大人急速上奏朝廷，收回成命，不灭法虏，尽复失地，誓不罢休！"跟在他后面的王孝祺等诸将也齐刷刷地跪下，大声重复着陈嘉的要求，显然这些话说出了他们的心声。

苏元春手中仍旧抓着那张电报纸，一时不知如何是好。冯子材努力使心情平静下来，步履迟缓地走近陈嘉身边，伸手把他扶起，声调沉重地说："本帮办一定上奏朝廷，力争收回议和成命！"说完，吩咐电报生取来电报纸摊在桌上，提笔给张之洞写复电：

我胜法败，乘势可平北宁、河内两省，材已有布置，不久可复。祈上奏朝廷，勿堕法虏奸谋，失此歼敌机会。去岁上谕议和者诛，请上折诛议和之人，士气可奋，法虏可除，越藩可复，后患可免！

写完复电，冯子材吩咐电报生："速速给我发往两广督署！"然后向苏元春作揖告别："本帮办仍照前议，率军往攻郎甲，望督办大人好自为之。"说完，他领着萃、勤二军将弁离去了。

冯子材走后，苏元春马上将事情电告护理广西巡抚李秉衡，征询他的处理意见，因为战与不战，事关重大，他不敢独自作主。第二天，李秉衡便复电苏元春，要他劝止冯子材：

来电谨悉。大势终归于和，今既大胜，敌欲就款，以我兵力足惮也，再胜似无所加，少挫仍启轻心。望劝冯军门，法实强敌，正可就此整军议和，以竟全功。

苏元春拿着这份电报，内心却极矛盾，他知道将士战意正浓，如果贸然劝止，轻则英名尽堕，更难服人，重则激起众怒，还恐有不测之祸呢！但如不劝止，再像去年的观音桥之战一样，战端重开，和约毁弃，上头怪罪下来，他这个督办的责任可不轻啊！

他感到左右为难了。

在距离郎甲二十余里的拉木大营，冯子材在众将官的簇拥下，站在临时搭起的阅兵台上，正在检阅准备出发攻打郎甲的军队：

站在最右边的，是用缴获的大炮新近组建起来的三个炮营，新任炮营督带梁振基浑身披挂，精神抖擞地站在队伍的前头，队伍旁边停放着用牛拉的二三十门大小不一的大炮，它们中间既有从淇江中打捞起来的新式西洋大炮，也有从法军仓库找到的笨重铁炮和铜炮（法军缴自清军的战利品）。冯子材吸取法军步炮结合的先进战术，决定在以后的作战中，也对敌人先用炮轰，再由步兵发起冲锋。

站在中间的是一字形排开的萃字前后左右四大军，四个督带：冯兆金、麦凤标、杨瑞山，以及新任左军督带梁有才都横刀跃马，雄赳赳地站在队伍的前面。经过血与火的战斗洗礼，萃军将士成熟了许多，在他们身上，减少了新兵所特有的散漫拖沓习气，却增添了老兵所常见的整齐和干练。一部分将士还换上在作战中缴获的法军新式步枪，显得士气旺盛，斗志昂扬。

站在左边的是勤军八营四千人，这支训练有素的军队，由于也装备了缴自法军的大炮和洋枪，军容显得更加威武雄壮。

在萃、勤二军后面，二万多越南抗法义军分成五大军，站在

与萃军军旗相似的旗帜下面，比起清军来，他们的身形更显瘦小单薄，身上穿的仍是长短不一、新旧不同的各式平民服装，大多数人手中拿的只是竹枪木棒，只有几百人扛上了清军替换下来的土枪，与其说他们是军队，不如说他们是帮助搬运粮草弹药的民伕更恰当。冯子材当然也不指望他们冲锋陷阵，但能够跟在队伍后面摇旗呐喊也是好的。

冯子材从探报中得知，法军在郎甲只驻有一千多人，虽然他们坚壁深垒，而郎甲只是一个类似文渊那样的简陋小镇，估计经不起一阵炮轰即可夷平，因此，冯子材对攻取郎甲信心十足。他操心更多的，是在攻下郎甲后，如何迅速与攻取船头的苏元春部合军一路，长驱直取北宁，以报桂军一年前被挫败之仇。

检阅既毕，冯子材做了个"出发"的手势，霎时间全营号角齐鸣，锣鼓喧天，几十头健壮的水牛拖拉着大炮，在队伍前面缓缓前进，三营炮兵也转过身子，步伐整齐地走上通向郎甲的道路……

突然，一匹快马飞驰而来，一个亲兵滚下马，向冯子材大声禀报："大帅，圣旨到！"冯子材微微皱了皱眉头，深情地望着缓缓开拔的军队，简短地吩咐身边的亲兵："回营，备香案，接旨。"

在冯子材的中军营帐里，站在香案前宣旨的赫然是苏元春，他读的是张之洞转达的电旨：

总署二十五日来电，本日奉旨："撤兵载在津约，现既允照津约，两国画押，断难失信。现在桂甫复谅，法即据澎。冯、王若不乘胜即收，不惟全局败坏，且孤军深入，战事益无把握，纵再有进步，越地终非我有。而全台隶我版图，援断饷绝，一失难复，彼时和战两难，更将何以为计？且该督前于我军失利时，奏称只可保境坚守，此时得胜，何又不图收束耶？著该督遵旨，亟电各营，如电线不到之处，即发急递，如期停战撤兵；倘有违误，致生他变，惟该督是问，钦此！"即转电粤督等。所有云、粤各军停战撤兵日期，均望恪遵二十二日电旨办理，请李护院速发急递，飞致苏、冯、王、唐、刘、岑钦遵。

听完宣旨，冯子材脸色苍白，目光呆滞，半天不说话。

苏元春焦虑地望着窗外缓缓开拔的军队，心里焦虑不安，思考再三，他大着胆子走近冯子材身边，讷讷地说："老前辈，王命难违，还是及早撤军吧！"

冯子材半是无奈半是恼怒地瞪了苏元春一眼，心情难过地转身，有气无力地吩咐亲兵说："传我命令，全军撤还！"

虽然没能攻下郎甲即撤，却也算是凯旋了，只不过冯子材心里并没有胜利后的那种狂喜，一连串不愉快的事情使他感到烦恼和忧愁：

黄廷金等抗法义民闻说清军撤回，不禁凄然恸哭，环跪军营，恳求留驻保护越民。看到清军去意已决，他们依依不舍，沿途送行，直到清军入关，才挥泪相别。但是，黄廷金临别时的哀叹声却久久地萦绕冯子材的耳边："大军撤后，我们怎么办呢？"因为他们已经公开树旗抗法，一旦法军卷土重来，他们必定会成为法军打击的目标。虽然冯子材尽可能地拨留军火枪械接济他们，但他知道，对于这样一支由民众自发组成而没有后援的军队，这点军火枪械并不能从根本改变他们的命运，在法军的"追剿"下，等待他们的只是失败和死亡的悲惨结局。为此，冯子材曾发出慨叹："此等义士，必受法害，一再思之，诚堪悯惜！"

从观音桥以至关前隘，沿途不时可见累累万人巨冢，这也使冯子材触目惊心，感慨万分。从光绪八年（1882）初，广西边军即入越抗法，到光绪十年（1884），潘鼎新、王德榜等又率湘淮及各省援军出关远征，除在历次作战阵亡外，因为水土既不相习，兼值淫雨过甚，天气骤暖骤寒，瘴疠加降；又逼临前敌，长期居住地营以避敌炮，再复蒸受暑湿，以致疫气盛行，死亡枕藉，竟有一营人不数日而死亡一空的，以致无棺可敛，掘地为巨坑，累叠群尸掩埋，前后死者不下二三万人。想到这些士兵致力戎行，荷戈远役，惨遭毒诊，殒命累累，荒垄寒林，委骨异域。而法败既不能追，越南又终不能保，士卒浴血奋战，全成徒劳，这使冯子材深感作为前敌将帅，无颜面对这些为国捐躯的将士。

龙州百姓知道萃、勤二军凯旋，都十分高兴。他们推荐地方上有名望的人远出三十里外去迎接，在全城满街扎花，搭造戏台演戏欢迎大军，还造了许多万民伞送给冯子材。清政府赏给冯子材太子少保衔，并由骑都尉世职改为三等轻车都尉世职，冯兆金、杨瑞山以总兵记名，冯绍珠、梁振基升为副将，刘积璠、麦凤标以参将补用，陈之瑞以游击补用，黄秀玲以都司补用，陈江志、杨树勋以守备补用，冯相荣、冯相华、刘汝奇均以知府补用。但是，这一切都不能完全消除冯子材内心的不安。

张之洞和彭玉麟也体会到冯子材的处境，就借口法军有窜扰北海的动向，上奏清政府，请将冯子材调防钦廉，不归苏元春调度节制。清政府准奏，让冯子材督办广东钦廉防务。冯子材奉命，立即率领萃军返回钦州。

知道冯子材胜利班师回到钦州，远在广州的彭玉麟专程派人给他送上贺诗一首，表彰他破敌卫国的功勋：

日南荒徼阵云开，喜得将军破敌来。

扫荡妖氛摧败叶，惊寒逆胆夺屯梅。

电飞宰相和戎愤，雷厉班师撤战回。

不使黄龙成痛饮，古今一辙使人哀。

钦州名士张秉铨，曾在广西以通判候补，耳闻目睹法军的残暴以及徐延旭等人的腐败无能，丧师辱国。对于冯子材率领萃军取得关前隘大捷，大败法军的功劳，他感到欢欣鼓舞，兴奋之余，他在亲朋欢宴冯子材的筵席上，大声朗诵了新撰长诗《贺冯萃帅凯旋作》，极力褒扬冯子材，其中，用热情洋溢的诗句，铺陈渲染了冯子材指挥取得镇南关大捷的伟大功绩：

……

不歼此虏非丈夫，气愤风云投袂作。

椎牛誓众仍出关，破釜沉舟逼谅山。

邃穴千寻盘地底，天梯下道舞云间。

太山未足岳家比，岳家军乃有二子。

短衣草履齐督师，大呼杀贼持矛起。

疲兵再战一当千，万人感奋威震天！

夺回东岭破三垒，丰功远轶马文渊。

如霆如雷复如电，炮烟瞢腾看不见。

但闻肉雨扑征衣，时觉血花飞满面。

连宵苦战不闻金，枕藉尸填巨港平。

群酋存者戴头走，前军笳吹报收城。

南人鼓舞咸嗟叹，数十年来无此战。

献果焚香夹道迎，痛饮黄龙何足算。

澎湖镇海檄正飞，宣光鏖战大震威。

先声所至各奔溃，三处孤军尽解围。

我公破竹麾前进，虏计已穷来请命。

捣巢誓欲报擒渠，扫穴时犹筹借箸。

眼看露布快书勋，勤劳不愧真将军！

谁秉当轴遽议和？自割藩篱许盟聘。

……

# 附录

# 冯子材年谱简编

| 公元（年） | 年号 | 年龄（岁） | 纪　事 |
|---|---|---|---|
| 1818 | 嘉庆二十三年 | 出生 | 六月二十七日，未时，生于广东钦州，字萃庭（亭）。行四，后被称为"黑四"。 |
| 1851 | 咸丰元年 | 33 | 三月，与人外出贸易，在灵山县路遇反清武装刘八所部，被劫持上山，遭拷打勒赎。<br>四月逃脱，改投廉州沈知府，为民团勇目，用里应外合计击败围困廉州的反清武装张六部。<br>后奉高廉道宗元醇调遣，赴高州、信宜、罗定"追剿"反清武装凌十八、何名科、刘八等部。<br>八月，以功获赏给军功八品顶戴。奉广东高州镇总兵福兴派委，募兵五百，号常胜勇，出省与太平军作战。<br>十二月，授补高州镇标右营左哨三司外委把总。 |
| 1852 | 咸丰二年 | 34 | 正月，以在信宜"剿"何名科功，升任把总，赏戴蓝翎。<br>十二月，以在罗镜"剿"何名科余党功，上谕俟补把总缺后，以千总补用。 |
| 1853 | 咸丰三年 | 35 | 四月，调补广东肇庆协右营左哨头司把总遗缺。十二月，以军营著绩，上谕免补千总，以守备补用。 |

续表

| 公元（年） | 年号 | 年龄（岁） | 纪　　事 |
|---|---|---|---|
| 1854 | 咸丰四年 | 36 | 九月，奉旨升补广东南韶连镇标左营守备。<br>十一月，换戴花翎。 |
| 1855 | 咸丰五年 | 37 | 九月，积功升补广西梧州协中军都司。 |
| 1856 | 咸丰六年 | 38 | 五月，清军江南大营败溃。 |
| 1857 | 咸丰七年 | 39 | 七月，奏补广东陆路提标前营游击。<br>八月初四日，奉旨赏给色尔固楞巴图鲁名号，保以参将尽先补用。又奉旨免补参将，以副将尽先补用。<br>十一月，奉旨免补副将，交军机处记名，遇总兵缺出，请旨简放。 |
| 1859 | 咸丰九年 | 41 | 三月二十五日，任甘肃西宁镇总兵官。<br>十月初十日，有旨：以"援剿"江苏六合失利，革总兵官冯子材……职，仍留营剿贼。<br>十一月，随张国梁战于江浦获胜，撤销革职处分。 |
| 1860 | 咸丰十年 | 42 | 闰三月，江南大营溃败，退守镇江。<br>七月，太平军破金坛，冯子材率兵驰援不及，为江苏巡抚薛焕论劾革职。<br>九月，以江苏镇江府城解围，复总兵官冯子材职。奉旨赏加提督衔。<br>十月，奉旨督办镇江军务。 |
| 1861 | 咸丰十一年 | 43 | 十月，再次奉旨督办镇江军务。 |
| 1862 | 同治元年 | 44 | 正月十七日有旨，以甘肃西宁镇总兵官冯子材为广西提督。 |
| 1864 | 同治三年 | 46 | 三月，镇江守军与鲍超军合作攻占句容县城。四月初八日攻克丹阳，奉旨赏穿黄马褂。<br>六月二十九日，以参与平定太平天国有功，加赏骑都尉世职。<br>五月，向清政府请假回籍省墓，得三月假。 |

| 公元<br>（年） | 年号 | 年龄<br>（岁） | 纪　　事 |
|---|---|---|---|
| 1865 | 同治四年 | 47 | 六月二十日到广西提督任。 |
| 1867 | 同治六年 | 49 | 十二月十九日，上奏《特参游击贪鄙片》，参劾游击何元凤"贪鄙卑污，冒功侵蚀，抗违军令"。 |
| 1868 | 同治七年 | 50 | 八月二十一日，上奏参劾前广西巡抚张凯嵩"纵寇殃民，居心壅蔽"。 |
| 1869 | 同治八年 | 51 | 四月，首次奉命出关援越"追剿"。<br>八月，吴亚终因伤死于北宁。<br>十一月，军抵谅山，亚终部将梁天锡降而复叛，奉命回师"追剿"，抵宣光。 |
| 1870 | 同治九年 | 52 | 六月，围攻河阳，梁天锡中炮坠水身亡，黄崇英逃遁无踪。<br>十一月，上谕再赏一云骑尉世职。 |
| 1871 | 同治十年 | 53 | 二月，中越边境复乱，奉命再次率军援越。<br>八月初七日，奏上《特参知府劣迹折》，参劾徐延旭："奏为边郡知府逐降为贼，纵勇通贼，冒饷私厘，包贩人畜，捏功滥保。"<br>年底。越之海阳、太原各省肃清，班师回国。 |
| 1878 | 光绪四年 | 60 | 八月，前记名总兵、署浔州协副将李扬才反叛援越。<br>十月，奉旨援越讨李扬才。 |

| 公元<br>（年） | 年号 | 年龄<br>（岁） | 纪　　事 |
|---|---|---|---|
| 1879 | 光绪五年 | 61 | 正月，抵谅山，与桂抚扬重雅会参道员赵沃革职。<br>四月，在者岩大败李扬才。<br>五月，派人到河内去侦探侵越法军北犯情况。<br>七月，十七日具折反对清政府从轻处理赵沃，语连两广总督刘坤一。<br>九月，获李扬才于垒登，旋奉旨撤军归国。 |
| 1881 | 光绪七年 | 63 | 正月，专折奏请陛见。<br>八月初十到京，十二日具折请安，十三日召见一次，二十日陛辞请训，奉旨仍回广西提督任。 |
| 1882 | 光绪八年 | 64 | 正月，言官张佩纶举荐安襄荆郧道徐延旭可任广西边事，清政府将徐延旭擢升广西布政使。<br>二月，以"风湿举发"名咨请两广总督张树声代奏请假调治。<br>七月，奉旨准假两个月，在任调理。 |
| 1883 | 光绪九年 | 65 | 正月，坚请督院代奏开缺。<br>四月十八日，张佩纶上奏《制敌安边先谋将帅折》，其中有"请易广西文武大员"一条，矛头直指冯子材："提督冯子材老病骄满，不戢其军，虽有前功，宜令退位。"<br>五月，咨请开缺。<br>六月，旨准开缺，广西提督著黄桂兰接任。九月，徐延旭任广西巡抚。<br>十一月，由柳州起程回籍。同月，国子监司业潘衍桐上奏《请饬冯子材办理高廉等处乡团片》。 |

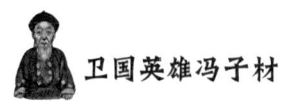
| 公元<br>（年） | 年号 | 年龄<br>（岁） | 纪　　事 |
|---|---|---|---|
| 1884 | 光绪十年 | 66 | 正月二十八日，彭玉麟、张树声等复奏由冯子材主持广东西路高、廉、雷、琼各属团练。<br>二月十一日，法军攻占北宁。十九日，户科掌印给事中邓承修奏请起用冯子材。<br>三月十三日，军机处改组。十六日，黄桂兰自杀。十七日称病婉拒复出。<br>四月，派子材督办高、廉、雷、琼四府团练。二十八日，张之洞署理两广总督。<br>闰五月，清军与法军在观音桥冲突，法军遂重开战衅。<br>六月廿一日，张之洞有函探问冯子材还能否领兵出征。<br>七月初六日，中国对法宣战。十三日，复函张之洞，自告奋勇，请缨出征。<br>十月初七日，张之洞派冯子材以十营出关。<br>十一月初一日，在钦祭祖起程。<br>十二月，率军抵龙州。同月，有旨惩处推荐徐延旭的张佩纶、陈宝琛、张之洞、涂宗瀛等。 |

续表

| 公元（年） | 年号 | 年龄（岁） | 纪　　事 |
|---|---|---|---|
| 1885 | 光绪十一年 | 67 | 正月初一日，亲率中军左营赴镇南关。初三日，面晤桂抚兼关外督办潘鼎新，以守关无须萃军，面饬仍顾东路。奉旨帮办广西关外军务。初九日，镇南关陷落，法军焚关后退守文渊。十一日，并接潘抚飞文，催请速赴南关应援。十四日，率军抵凭祥。十八日，会同各军将领踏勘地形，择关内十里之关前隘为决战地点。建议进攻文渊。<br>二月初一日，函商潘鼎新及苏元春，调回出击芄蔚大军到南关后路。初五日，夜二鼓，萃、勤两军主动出击袭文渊，鏖战两天。初七早，法军大队出动，进攻长墙之东西二岭。我方失东岭三垒。潘鼎新、苏元春率后方诸军前来援应。初八日，大败法军，史称"镇南关大捷"。初十日，率领萃、勤、楚各营出关追击，即日克复文渊。十一日，会合诸军往攻驱驴，重伤法酋尼格里。法军撤出谅山。十三日，收复谅山。十四日，收复长庆府。十五日，克观音桥。二十六夜，接张之洞电，言和议已成，不可擅自开仗。三月初一停战旨下，十二日，率军起程回国。十九日，军抵龙州。二十四日有旨：即著督办钦廉一带防务，兼会办广西边防。<br>四月初三日，由龙州起程回钦州。<br>五月二十九日，奉旨裁去萃军十营，留八营分扎廉、钦、上、思、龙州等处。<br>六月二十一日，亲往钦州龙门布防。<br>七月初二日，往北海布防。十四日，内阁授予太子少保衔，并由骑都尉世职改三等轻车都尉世职。<br>十月，赴防城、东兴布防。 |

| 公元<br>(年) | 年号 | 年龄<br>(岁) | 纪　　事 |
|---|---|---|---|
| 1886 | 光绪<br>十二年 | 68 | 正月，任临时督剿九头山海盗之职，派三子相荣率军协剿东兴九头山之海盗李广兴。<br>四月，因海南岛发生动乱，张之洞商量请主持平定。<br>六月，两广总督暨广东巡抚咨请前往查办海南岛，兼督办琼州客黎事宜。<br>七月，率萃军八营抵海口。嗣因地广兵少，不敷调遣，电咨督抚两院，加募兵勇十二营。 |
| 1887 | 光绪<br>十三年 | 69 | 二月，进军崖州南林。是年春，书"手辟南荒"四字，刻于五指山麓（今仕阶马路旁）之巨石上。<br>四月，擒斩首领谭亚吉等，琼岛胥平，旋即以兵代工，开通入五指山大小道路三十余条，搭桥开井百余处，又与督抚商立群县，联村请师设塾黎童等。<br>五月十八日，奉旨补授云南提督。<br>六月，遣散所部，仅留五营，开府于钦州城东一里之比部庙。<br>八月二十一日，以病推辞云南提督职，奏请收回成命。<br>十月十四日奉旨仍留广东督办钦廉防务，毋庸开缺。 |
| 1888 | 光绪<br>十四年 | 70 | 将平海南将弁劳绩列举请奖，吏部书办函索被保诸员酬金，抗疏直劾史部书办。 |

| 公元（年） | 年号 | 年龄（岁） | 纪　　事 |
|---|---|---|---|
| 1894 | 光绪二十年 | 76 | 正月，奉旨赏加尚书衔。<br>六月，中日战争爆发。<br>七月，接两广总督李瀚章密电，咨请北上江南防倭，复电请缨，并即集旧部，准备登程，月底，忽接李瀚章密电，毋庸北上。<br>十月二十八日，署两江总督张之洞电邀来江南办防。<br>十一月十八日，开始募军。<br>十二月十二日，由钦州陆续分道起程。 |
| 1895 | 光绪二十一年 | 77 | 三月二十二日至镇江防扎。<br>四月，及闻和议将成，子材义愤益不可遏，电请枢轴代奏抗争，请当前锋，挽回全局，不报。十四日，闻和约既成，赔款失地，抚膺欲绝，曰：今吾之痛心，视乙酉三月初一尤十倍也，立请撤防还粤。 |
| 1896 | 光绪二十二年 | 78 | 正月二十五日，清政府命办理江防云南提督仍回粤督办钦、廉防务。<br>六月初四日有旨催赴云南提督本任，毋庸留办钦廉防务。 |
| 1897 | 光绪二十三年 | 79 | 与英人争划片马地界。 |
| 1898 | 光绪二十四年 | 80 | 一月，法国强占广州湾（今湛江市）。<br>闰三月，云贵总督崧蕃上奏：提督冯子材病请开缺。二十九日有旨：冯子材老成练达，素著战功，赏假两月，毋庸开缺。 |
| 1900 | 光绪二十六年 | 82 | 正月，与英人交涉北纬二十五度三十五分之北一段茨竹、派赖各寨边界。 |

续表

| 公元<br>（年） | 年号 | 年龄<br>（岁） | 纪　　事 |
|---|---|---|---|
| 1901 | 光绪<br>二十七年 | 83 | 正月，调为贵州提督，称病开缺。 |
| 1903 | 光绪<br>二十九年 | 86 | 四月二十九日，南宁、百色、龙州等地绅商请起用冯子材，两广总督岑春煊迳奏起子材会办广西军务兼顾钦廉边防，子材力辞不可。<br>闰五月初一日，钦奉上谕，著会同岑春煊办理广西军务。并准督臣咨称，奏派兼顾广东钦廉防务。<br>六月初八日。由钦州督队起程赴桂。十五日行抵南宁。<br>七月二十七日卯时，薨于邕之行营。 |